水墨江南

——浙江水资源休闲旅游指南

孙娴娴 ◎ 编著

2010年浙江省社科联普及课题成果

2011年浙江省科协青年育才工程资助项目成果

浙江大学出版社
ZHEJIANG UNIVERSITY PRESS

序

　　忙了将近一年的时间,至此书稿即将勘正出版,满心欢喜之际,不由得回想起当时选题初期的情形。笔者自小无论在神州江南水的辞书里,轻率打开哪一页,都是对水的不吝啬的赞美。水,流动在生命的脉搏里。水的舒缓疾徐,全有一种搏动的乐感。静,可如处子。不管溪塘湖泊,那绿水汪汪,眼波流盼,总有爱意暗暗地萌生。动,则如歌声飞扬,冥冥之中,一双纤纤的操琴素手,柔弱如无骨兰花,却意领神随,低吟浅唱,无声而胜有声。这些描述使得笔者对水文化欣然向往,再加上浙江这一两年来"休闲旅游提升品质生活"这个口号已经深入人心,双休日、节假日跟团游、自驾游极大满足了人群的需求,其中作为浙江省最具有特色的水资源休闲旅游受到了人们极大的关爱,正是这些迫使编者去深入了解浙江的水资源休闲旅游相关的文献资料。笔者发现当时市场上的著作和读本甚少覆盖现在热门的水资源休闲旅游方面的内容,而本身浙江省发展水资源休闲旅游是有得天独厚的条件的。浙江是江南水资源最丰富的区域,对江南感兴趣的游客大多第一印象是水乡,并为水文化及其衍生产物所吸引。因此,笔者觉得很有必要写这本书予以知识普及。

　　本书的主要读者应该是来浙江进行水资源旅游的客人以及周边地区进行水资源休闲旅游的旅游者,特别是对江南丰富的水资源特别感兴趣的人,包括喜欢垂钓、喜欢亲水活动、喜欢渔家乐、水资源旁边的农家乐等项目的旅游者。还适合大中专院校旅游专业的学生进行知识拓展和相关旅行社进行线路拓展,相关的科研单位也可以作为资料进行保存。

　　本书针对浙江丰富的水资源,主要是江河、湖泊、海岛、井、泉、潮汐、港湾和养殖水域发展休闲旅游具有的自然资源,目前的旅游交通线路、水资源周边的休闲旅游项目(农家乐、渔家乐等)知识进行介绍。

　　浙江有八大江河;淡水湖、水库、湿地、漾;海洋岛屿;井、泉;潮汐、港湾等水资源。本书从休闲旅游的角度切入,介绍浙江吸引旅游者的水资源优势以及与目前最热门的休闲旅游项目紧密相关的知识。

　　本书的局限性也有很多,调研组按照所有已知的材料,对各个地区的水资源进行了细分,发现部分水资源目前并没有得到当地政府的重视,没有进行开发,目前还处于原生态状态中,调研小组觉得不是很适合写入到本书中,由于当地没有配套的旅游设施,所以不建议旅游者去当地旅游。

　　本书需要感谢李甜带领的调查小组的所有成员,是他们奔赴了浙江省各地去收集资料,感谢百度等网络搜索引擎,通过他们的帮助也获取了一部分资料,感谢相关的旅游网站(易趣网、艺龙旅行网、乐你游、柚子旅游网、悠悠旅行网、最佳中国酒店网、酒店之星同程网、全游网、九游网、遨游搜、驴妈妈旅游网、欣欣旅游、掌门人、游乐网、旅游情报网、浙山浙水网、玩天下、中国海岛旅游网、28订房网、网上千岛湖网),使本书内容更为丰满,同时也使笔者获益良多,在此一并致谢。

　　书稿中不当之处,恳请专家领导、各位同仁批评指正。由于时间较为仓促,编者虽已尽量把参考文献的来源予以注明,但仍难免有所疏漏,如有问题请联系编者或者出版社,我们将在再版时予以更正,在此表达谢意。

孙娟娟

2011 年 6 月

CONTENTS>>>>
目 录

第一章　江河休闲旅游

杭州钱塘江

■　自然资源概述

钱塘江是中国浙江省第一大河,发源于安徽省黄山,流经安徽、浙江二省,古名"浙江",亦名"折江"或"之江",最早见名于《山海经》,是越文化的主要发源地之一。河流全长 688 千米,流域面积 5.56 万平方千

米,年均流量 442.5 亿立方米,河口潮汐水力资源理论蕴藏量为 472 万千瓦特。新安江与兰江是钱塘江的源头,于上海市南汇区和宁波市、舟山市嵊泗县之间注入东海,其中杭州附近叫钱塘江,英文作 Ch'ien-t'ang Chiang 或 Qiantang River,自源头始,全称浙江,又名罗刹江和之江,是祖国东南名川,中国东南沿海地区主要河流之一,浙江省最大河流,杭州著名旅游景点(特别注意:今人误以为钱塘江即浙江,

其实浙江下游的杭州段才称钱塘江)。上游常山港发源于浙江省开化县齐溪镇莲花尖,汇江山港后东北流贯浙江省北部至澉浦,经杭州湾注入东海。主要支流有金华江(婺港)、新安江、桐溪、浦阳江等。干流各段随地异名:干流自衢江区以上称常山港,衢江区至兰溪间称衢江(信安江),兰溪至建德县梅城称兰江,梅城至桐庐间称桐江,桐庐至萧山区闻家堰间称富春江,闻家堰以下始称钱塘江。钱塘江多年含沙量甚少,平均每平方米为 5‰。在新安江和富春江上已建成大型水库和水电站。杭州至桐庐间可通航 150 吨级轮船。曹娥江旧时也是钱塘江支流,后海岸崩坍,江口下陷,脱离钱塘江而独流入海。钱塘江口平面呈喇叭形,在海宁市附近河底有沙坎隆起,海潮倒灌,受地形收缩影响潮头陡立,形成雄伟壮丽的"钱塘潮",吸引大批游人。最大潮差达 8.93 米,钱塘江潮被誉为"天下第一潮"。

■ 交通路线

高速—杭州绕城—上塘路高架—西湖大道出口—西湖—钱塘江

■ 现有农家乐(渔家乐)和宾馆

杭州索菲特世外桃源度假酒店

地址:杭州市萧山区闻堰镇风情大道 3318 号(世界风情园内)

联系方式:0571—83880888

　　索菲特世外桃源度假酒店是杭州的第一家国际品牌五星级度假酒店,距离西湖风景区、杭州萧山国际机场和杭州火车站均只需 20 分钟的车程,是 2006 年世界休闲博览会的官方指定场所之一。酒店环境优美,依山傍水,拥有 301 间客房,两间供应中西餐的餐厅,大堂吧,25 米室内恒温游泳池的健身中心,休闲设施一应俱全,是杭州拥有不同规模最先进会议设施的酒店之一。酒店共有 19 间豪华套房和 70 间索菲特会所客房,所有的房间面积均在 42 平方米

以上。酒店独一无二的布局结合毗连的老虎洞山和湘湖旅游区为游客摆脱城市压力提供绝佳场所,即可让游客感受到真正的世外桃源。

价格(仅供参考):

高级园景客房:1136元;豪华园景客房:1251元;豪华湖景客房:1366元;会所园景客房:1481元;会所湖景客房:1596元;商务湖景套房:2401元。

杭州龙禧福朋喜来登酒店
地址:杭州滨江区东信大道868号
联系方式:4006-3113-699

杭州龙禧福朋喜来登酒店位于杭州滨江区高速发展中的高新科技园区,俯瞰钱塘江,具有优越的地理位置、方便快捷的交通。距西湖风景区、市中心、高速公路及机场仅仅10～20分钟的车程。拥有各类客房,极富现代时尚魅力的客房配有液晶纯平彩电、热带雨林淋浴、福朋喜来登专有的"舒适之床"及免费宽带接口。杭州龙禧福朋喜来登酒店拥有总面积1500平方米的会议及宴会场地,以满足客人不同的会议、活动需求。650平方米、层高7.5米的宴会厅可根据不同需要分割成两个独立的空间,可容纳多达 600 人的剧院式大型活动,并可在宴会前厅为客人准备宴会前的鸡尾酒会,来自宴会服务团队的细致专业的服务及先进的视听设备,确保客人的会议圆满成功。

价格(仅供参考):

豪华大床房:1898 元;舒适套房:2530 元;舒适房:1725 元;豪华大床房:1898 元。

杭州虎跑山庄

　　杭州西湖四眼井店,位于青年虎跑山庄,虎跑路四眼井 118 号,地处西湖南线风景区玉皇山麓,总建筑面积三千余平方米,一期拥有各类标准客房 100 余间,自然风光,人文景色尽胜。满陇桂雨、龙井茶园、西湖风光,茅乡水景使人为之心动。新开元大酒店四眼井店、江南驿、浙江宾馆、满觉陇假日酒店、南玉山庄、空军疗养院、海军疗养院都选择于此落址。灵隐寺、岳王庙、虎跑泉、雷峰塔等著名文化景点,提升了山庄的文化气息,是理想的休闲度假胜地。该店在经营管理上有自己独到的一面。在酒店的订房服务上,采用与著名连锁酒店的订房模式,这样多模式的订房服务使游客在订房时享受到无与伦比的方便与实惠。

价格(仅供参考):

门市部价 188 元,优惠价 138 元。

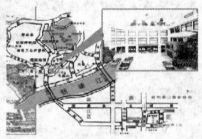

湖州苕溪

■ 自然资源概述

苕溪在浙江省北部,属太湖水系,包括东苕溪、西苕溪两条源流完全不同的河流。今日的东苕溪源出浙江临安东天目山北部平顶山南麓的马尖岗,流经临安市、杭州市余杭区、德清县、湖州市等地。由于东苕溪入杭州市余杭区境后呈西南—东北流向,经瓶窑、安溪,横穿余杭良渚文化遗址群的北部,将遗址群分隔为苕溪西北与东南两片,然后又在獐山镇的西侧北折,迳流入太湖。西苕溪是太湖上游的重要支流,位于浙江省湖州市境内。

《苕溪渔隐丛话》:

　　南宋胡仔(1095? —1170)编。仔字元任。徽州绩溪(今属安徽)人。系舜陟次子。少时因父荫授迪功郎。绍兴六年(1136)侍亲赴广西,居岭外7年。后遭父母之丧,赋闲20年,卜居苕溪,以渔钓自适,自号"苕溪渔隐"。绍兴三十二年,赴官闽中,后又归苕溪。

■ **交通路线**

　　(1)距离萧山机场150公里;距离上海机场250公里。

　　(2)从湖州汽车总站坐2路车直接到苕溪西路。

　　(3)从湖州公交总公司坐201路到苕溪路口。

　　休闲项目:飞英塔、府庙、潮英桥、莲花庄、湖州毛笔博物馆。

飞英塔

　　湖州飞英塔是我国现存的唯一的一座"塔中塔",有内外两个塔。内为石塔,在石塔的外围又建造一座砖木结构的外塔,形成塔中有塔的奇观。传说飞英塔是陈武帝陈霸先(陈霸先是南北朝时期陈朝开国皇帝)为他心爱的飞英姑娘建造的。

　　据志书记载,唐咸通年间(860—874),有僧名云皎,游历长安时,得僧伽大师(又名泗州大圣菩萨)所授"舍利(注:指佛祖释迦牟尼火化后的遗骨)七粒及阿育王饲虎面像",归来后建石塔藏之。石塔始建于中和四年(884),成于乾

宁元年(894),名上乘寺舍利石塔。后因称有神光见于绝顶,遂于北宋开宝年间(968—976),于石塔之外增建木塔经罩护之,从而形成别具一格的"塔里塔"。根据建外塔缘由,取佛家语"舍利飞轮,英光普照"中之二字为塔名,更名为飞英塔。上乘寺也因塔易名"飞英塔"。

莲花庄

莲花庄位于湖州市区东南隅。元代书法家赵孟頫于此处建造别墅,开辟莲花池,建造松月斋、水月亭等,故名莲花庄。

莲花庄原为赵孟頫幼年读书之处。明代仍保存完好,清末遭毁。1986年湖州市人民政府予以修复,并将毗连的潜园划入,使之连成一片。总面积为112亩,其中三分之一为水面,分成三个景区。

西区临横塘路为大门,门额由著名书法家赵朴初题写。进门左侧有赵孟頫手笔《吴兴赋》全文石碑,碑前有青卞居,后有集芳园,右侧有请胜池,临池建松斋、鸥波亭,斋与亭以回廊相连。

西侧的莲花峰是赵孟頫时代的旧物,上刻莲花峰篆字,正是他的手迹,峰上的题山楼、松雪斋与鸥波亭是赵孟頫一生中最堪纪念的建筑物,他的许多杰作都在此完成。

重建后的莲花庄,四时景色各异,品味不竭,庄内还有当代书画名家题字。是文化艺术爱好者的旅游首选。

■ 现有农家乐(渔家乐)和宾馆

湖州华亭宾馆(湖州市吴兴区苕溪西路北宁长巷51号)

　　华亭宾馆是集客房、餐饮、娱乐、桑拿、棋牌、商务为一体的综合性经济酒店,高19层,豪华气派,视野开阔,其现代时尚的海派建筑风格,清晰便利的交通网络、风情变幻的优雅景观,拥有"钻石楼"的豪华与尊贵。华亭宾馆位于苕溪路与北街的交汇处,地处湖州市中心的商业繁华地段,北临苕溪路,东临北街,并与河滨公园隔街相望。周围公园、广场林立,有河滨公园、桥园、健体中心、飞英公园等,傍依市河,环境优美,空气清新。华亭宾馆拥有106间豪华客房,平均面积超过50m^2。

价格(仅供参考):

普通单人房(260元起)、普通标准房(260元起)。

早餐:20元/份;加床:无。

上网情况:免费。

莫泰 168 湖州红旗路店

位置:市中心

地址:湖州市红旗路 43 号

简述:莫泰 168 湖州红旗路店地处市中心步行街红旗路,2、10、5、24、13 路公交都能直达酒店门口,距离汽车站、火车站仅 15 分钟车程;周围有大型购物中心、超市、书店;……

价格(仅供参考):

特价大床房:168 元;标准房:178 元;大床房:178 元。

湖州天煌大酒店

位置:市中心

地址:湖州市龙溪北路 168 号

简述:天煌大酒店坐落在湖州市区与开发区交接点,建筑面积达 23000 平方米,集食、浴、娱、住为一体的综合性大型三星级旅游饭店。酒店装修豪华、格调高雅、布局合理、功能齐全。

价格(仅供参考):

豪华标准间:288 元;商务房:388 元;豪华商务家庭房:448 元。

湖州国际大酒店

位置:市中心

地址:湖州红旗路 117 号

简述:湖州国际大酒店是一家挂牌四星级饭店。酒店位于湖州市红旗路中段,是金融、商贸中心,地理位置优越,交通便利。酒店设施齐全,拥有舒适的各类标准、商务、豪华套房 200 间。

价格(仅供参考):

普通标准房:360 元;豪华单人房:430 元;豪华标准房:430 元。

湖州天地商务宾馆

位置:市中心

地址:湖州吴兴区红旗路 43 号

简述:湖州天地商务宾馆装修精致、时尚、温馨、硬件设施完善,电信数字点播电视,千兆光缆免费使用。湖州天地商务宾馆地处红旗路,地理位置优越,交通便捷,是商务出行、休闲度假的最佳选择。

价格(仅供参考):

大床间:188 元;标准间:198 元;豪华大床间:218 元。

小浦东农家乐

地址:茗溪西路附近;电话:0572—2021132

公交线路:老北门站:2 路,5 路

人均消费价格 60~80 元。

宁波甬江

■ 自然资源概述

　　甬江是宁波的母亲河,由奉化江和姚江两江汇集而成,是浙江省七大水系之一。甬江全长 105 公里,流域面积 4518 平方公里。姚江发源于四明山夏家岭,全长 105 公里,流域面积 1934 平方公里。奉化江发源于四明山东麓的秀尖山,干流长 98 公里,流

域面积 2223 平方公里。奉化江有剡江、县江、东江和鄞江四大支流。奉化江流经奉化、鄞州和市区的海曙区、江东区，在宁波市三江口与源于上虞境内四明山的姚江汇合成甬江，并于宁波镇海口流入东海。甬江干流指姚江、奉化江汇合于宁波市区的三江口后至镇海大小游山出口段，全长 26 公里，流域面积 361 平方公里。

　　生物：位于杭州湾附近的甬江出口，常常可以见到螺类、蟹类、弹涂鱼类的踪迹。螺类主要有白织纹螺。植物主要有芦苇。

■ 　交通路线

1.从宁波南站公交坐 7 路出发,到药行街下,可以问路到江厦桥,或打的。

2.或从轻纺城坐 525 到药行街下车,可以问路到江厦桥,或打的。

(因为是在市中心,交通比较方便)

■ 现有农家乐(渔家乐)和宾馆

城中星商务酒店

宁波城中星商务酒店位于宁波市中心三江口区域的正中心位置,地理位置和交通极其优越,酒店的江景客房也是观赏宁波三江口景色和闹市区夜景的绝佳之处。酒店简约雅致的设计、舒适的睡眠环境、房间配备了免费电脑、免费宽带上网、免费数字影视点播节目、免费报刊、免费绿茶咖啡、免费水果、高档品牌洗浴用品,还有近在咫尺的市中心商业、娱乐、购物环境都会让游客行程更加轻松便捷。

房间数量:100

地址:浙江省宁波市海曙区东渡路 46 号

位于:海曙商业区(市中心)

价格(仅供参考):

单人房:180 元;大床房:190 元;江景双标房:210 元;江景大床房:210 元。

万豪酒店

坐落于宁波繁华市中心的宁波万豪酒店,临近姚江,靠近宁波市政府、中山公园和宁波市最大的商业区——天一广场。酒店距宁波国际机场仅需 20 分钟,驱车经杭州湾大桥至上海只需 2.5 小时。酒店拥有三江口得天独厚的核心地理位置，周边景点众多，天一广场、鼓楼、天一阁等景点仅隔街之遥。酒店拥有333间江景客房及套房，包括：行政楼层、39套江景套房、1间大使套房、1间总统套房；客房设施包括：高速因特网上网系统(有线/无线)、电话留言信箱、连接电源及数据接口、宽屏液晶电视&卫星频道、保险箱、茶及咖啡自制设备、迷你吧、CD/DVD播放机(所有行政楼层的客房及套房)；所有房间具有万豪品牌的全新"Revive"床具；还提供24小时客房送餐服务。餐饮设施方面拥有一个大堂吧及三家特色餐厅，分别有意大利和日本厨师亲自掌勺；能容纳220位的万豪咖啡厅供应着早午晚三餐各式美食，而三个开放式厨房更是餐厅的主要特色。时尚、高贵的

翡翠轩溶入各类海洋元素，能容纳210位用餐；江户银是一间与众不同的寿司吧，充满着时代气息。此外，酒店还拥有宁波首家国际品牌的"泉"水疗中心，设有6个独立区域；还有室内游泳池、健身中心、桑拿、湿蒸、冲浪池等设施。酒店会议设施完善，拥有1188平方米的会议空间，为宁波带来一个国际化的顶级商务平台。

房间数量：333。

设施服务：商务中心；健身中心；餐馆；客房服务；游泳池。

价格(仅供参考)：

豪华江景双床房：1481元；豪华江景大床房：1481元；行政江景房：1826元；普通江景套房：1834元。

三石农庄

三石农庄位于宁波后花园国家级风景区溪口镇西郊的三石农庄,距甬金高速溪口西、班溪出口仅三公里,省道江拔线横贯西东,交通十分便捷。村口樟荫参天,曲径通幽,三石农庄,隐约可见,这里有小桥流水、草亭茅舍、竹筏清流,到处散发着山村田园的静谧之美。3万多平方米的五曲碧湖,湖边有独山拥秀、林木苍翠、环境空气新鲜,是养生、休闲、旅游的良好场所。幽静的三石农庄,仿佛置身于陶渊明笔下的"世外桃源",能使游客远离喧嚣,忘却烦恼,体验乡土风情,减轻工作压力。农庄的乡村俱乐部开辟了锄禾谷——农耕园供游客耕作、种植、体验多项农事活动。同时,农庄可品尝桃林土鸡、新鲜竹笋、剡溪鱼虾等农家菜肴;还可以登山挖笋,田园采果,野外烧烤,碧水游泳,竹伐漂流,摸蟹垂钓,古道骑马……

跟团:自费参考项目:古道骑马、滑草、草人射箭、钓鱼(农庄中餐按

400 元/桌起)

费用报价： 成人:90 元/人 儿童:80 元/人

服务标准:景点首道门票、全程交通车辆大小根据人数定、田园农家餐、矿泉水,亲子活动场地用品费,活动设计费、工作人员活动及其他费用。

自助游:一般人均消费 40 元。

绍兴曹娥江

■ 自然资源概述

曹娥江风景区为省级风景名胜区,位于上虞市境内曹娥江中下游流域,距绍兴市 26 公里。总面积 40 平方公里。曹娥江古称舜江,东汉时因孝女曹娥投江寻父,改称今名。曹娥江江滩宽阔,水流平缓,极富诗情

画意,在唐代就是一条诗人游历吟咏之路。景区内名胜古迹沿江分布,自然景观与人工景观融合一体。沿江风景秀丽,古迹星罗棋布。驾舟逆曹娥江而上,向来为越中旅游热线。因为这一带,在百官有舜井舜迹和青山环抱的驿亭镇白马湖。沿江有祝英台的家乡祝家庄。东晋名相谢安曾经隐居的东山,更是名享中外,"东山再起"被传为千古佳话。曹娥江畔的曹娥庙是为纪念古时孝女曹娥而建,始建于宋代。其规模宏大、壮丽辉煌,且有众多雕刻和名人书赠的匾额、楹联,被誉为"江南第一庙"。上浦一带的古窑址,则被誉为世界青瓷发源地,是非常值得驻足的地方。凤鸣洞和北撤会议旧地等胜景,更是不一而足。

■　交通线路

杭州→杭甬高速→上虞/慈溪/曹娥江景区

■　现有农家乐(渔家乐)和宾馆

上虞钱塘曹娥江大酒店

　　曹娥江大酒店位于风景秀丽的曹娥江畔。酒店拥有各级各类豪华客房123间(套),客房内率先接入VDSL商务宽带网和VOD视频点播系统,宽敞的餐厅和28个风格迥异的包厢可同时容纳600人就餐,提供粤、川、淮、扬、鲁等风味菜和富有江南地方特色的佳肴。为满足宾客的各种需要,酒店另设有舞厅、KTV包厢、保龄球、桑拿、足浴馆、室内游泳池、游艺机、商务中心、健身中心、会议中心、商场等服务,是国内外宾客下榻的理想场所。

地址:上虞市江扬路2号　　电话:4006669911

价格(仅供参考):特价单人房B(140元起);特价标准房B(165元)。

曹娥江源头磐安农家院:金杰农家乐

价格(仅供参考):50~80元/天/人(包吃包住,不含空调费20元/晚及自动麻将机使用费5元/人)。

联系电话:0579—84792007。

地址:浙江金华浙江省磐安县尖山镇乌石村。

特色菜谱:野生黄鳝煲、野兔、土鸡煲、咸肉烧笋、土豆饼、葱油芋艿。

餐饮标准:中晚餐每桌十菜(三荤六素,按十人标准),每餐种类不同。早餐粥、馒头、鸡蛋、配菜。

住宿条件:房间设10个标准间。

农趣活动:自动麻将、卡拉OK、跳舞、垂钓、采茶、挖笋、挖野菜、游玩各项农事活动等。

周边景区:舞龙峡景区、水下孔景区、十八涡景区、乌石老村、花溪景区、百杖潭、灵江源漂流。

台州灵江

■ 自然资源概述

从南北朝时孙诜著的《临海记》中可以看到:"临海山,山有二水,合成溪,曰临海。一水是始丰溪,一水是永安溪,至州北,两溪相合,即名临海溪"。临海山即现在的白马山,永安溪和始丰溪在白马山三江村汇合后称临海溪,即现在的灵江。

灵江的江面,水势平稳,河床宽阔。历史上,这里的长船、白帆、纤夫交织成一道靓丽的风景线。

■ 交通路线

路线一:杭州游客从杭州上高速,先走杭甬线到上虞,从上虞后转上三线,上三线结束后转入台州温州下的甬台温高速,在临海有两个出口,一个是临海北,一个是临海南,去市区从临海南下就到了。

■ 现有农家乐(渔家乐)和宾馆

望江农家乐园

临海市望江门农家乐园坐落在望江门跑马场内,集娱乐餐饮休闲于一体的综合性农家乐园。园内娱乐项目有:跑马,射箭,垂钓,乒乓,烧烤等等。

牛头山度假村

牛头山度假村拥有别墅式套房、标准房、单人房,能满足不同客人的需求。度假村交通便利,距甬台温高速公路道口 10 公里。度假村配有中央空调、大小会议室及配套服务设施、卡拉 OK 包厢、舞厅。餐厅经营以农家土菜为特色,以淡水野生鱼为主。价格(仅供参考):标准房门市价 358 元,同程价 198 元。

温州鳌江

■ 自然资源概述

鳌江是浙江七大水系之一,也是温州西南地区的主要河流。鳌江在西晋建县时称始阳江,旋改名横阳江,又称钱仓江。因海水涨潮时,鳌江江口的波涛状如巨鳌负山,在鳌屿地方,旧有鳌山堂,后改鳌镇堂(见民国《平阳县志·神教志二》),含有巨鳌镇浪、压邪保安之意,故改名鳌江。

鳌江河口及海岸,由于上游水流挟带泥沙,致使逐年淤泥,同时受大陆架海域泥沙运动的影响送来别处泥沙,扩大淤积面,以致形成了河口及海岸一带广阔的海涂资源。鳌江海涂形成是由于河口和海岸淤积面不断扩大。自北宋治平年间(1064年)至建国后1979年,海岸线共向东海推移2至7公里,平均每年的速度为2.2米至7.7米。而建国后,平均每年以10至20米的速度向东海延伸。南岸苍南县江南地区已围垦1.7万亩。北岸平阳县小南地区已围垦2千亩,但有待围垦的海涂面积尚很广阔。其北与飞云江海涂连接,其南至琵琶山基岩海岸,共有25.5万亩。其中,已露出水面的面积为12万亩,江南地区近期可围垦的海涂就有5万亩;还有理论基准面以上的海涂面积13.5万亩。总之,有待于围垦的海涂面积,相当于江南、小南两个平原的耕地面积,应该抓紧围垦,开发利用。

■　交通路线

路线一:瑞安的朋友在瑞安商城对面的溜冰场坐车。班次很多,大约10分钟一班。

路线二:在温州火车站那里可以坐53路到客运中心,再坐大巴回鳌江。

路线三:从杭州可以乘动车到温州再转车。

■　现有农家乐(渔家乐)和宾馆

宋桥宾馆

宋桥宾馆坐落于平阳县与瑞安市的交界处(郑楼路口),104国道旁。距离瑞安商业繁华街只需十几分钟车程,距离郑楼礼品城也只需几分钟车程。隔壁就是长途客运中转站,交通便利。该宾馆环境幽雅、风格简约、别致,设备齐全,展现"干净,温馨"的住宿环境。内外都设有停车场、可供大型汽车停放,泊车方便、车位充足安全。房内空调、整体卫浴、有线电视、免费单号电话、免费宽带上网等。

价格(仅供参考):特价88元,单人间108元,标准间128元。

温州飞云江

■ 自然资源概述

　　飞云江干流长 203 公里(其中瑞安市境内的干流长度为 79 千米),落差 1200 米,平均坡降 5.7‰,是浙江省第四大河,温州市第二大河。飞云江位于浙江省南部,是浙江省八大水系之一。它发源于景宁和泰顺两县交界处的洞宫山白云尖北麓,全长 203 公里,流域面积 3252 平方公里。泰顺百丈口以上称三插溪,与洪口溪在百丈口汇合后始称飞云江,水流由西向东,单独流入东海,属山溪性强潮河流。云江流域年降雨量在 1600~2200 毫米之间,上游来水丰富。多年平均年降雨量 1850 毫米,多年平均年径流深 1183 毫米,多年平均流量为 59.1 立方米每秒,多年平均年径流量为 38.5 亿立方米,最小年径流量为 11.86 亿立方米。

■ 交通路线

　　路线一:到瑞安商城有直接到达飞云江的车,票价 2.5 或 3 元可以坐到终点再下车,然后转 1 路公交。

路线二:在瑞安客运中心直接打的过去大概 20 元,拼车的话就只用 10 元。

路线三:在温州火车站有直接到达飞云站的车。

■ **现有农家乐(渔家乐)和宾馆**

瑞安速 8 酒店

酒店一楼的大堂吧拥有休闲生活化的布局,营造出现代人的休闲放松的氛围,在商务洽谈的同时还可尽享香浓咖啡及各色糕点;酒店提供免费自助早餐,提供传真、票务、旅游咨询、公共上网区及自助式厨房、洗衣房等服务。房价单人间有 198 元和 218 元一晚,标准间 218 元一晚。

瑞安锐思特汽车连锁旅店

瑞安锐思特汽车连锁旅店(万松店)以"快捷、经济、超洁净"为主导,尽显色彩、简约、汽车文化三重之美的装修风格。瑞安锐思特汽车连锁旅店(万松店)拥有 79 间精品客房,室内设计色彩明快,清新淡雅的风格,为商务型旅客、自驾车旅游和度假家庭提供住房服务。价格(仅供参考):大床和标准间均 200 元,商务大床 210 元一晚。

温州瓯江

■ 自然资源概述

瓯江（Ou River）因温州古称瓯而得名，发源于浙江省庆元、龙泉两县市交界的百山祖锅帽尖。东北流至丽水城郊附近折向东南，流经龙泉市、云和县、莲都区、青田县、永嘉县、鹿城区、龙湾区，从温州市流入东海。全长388公里，总落差1080米，流域面积1.79万平方公里。

瓯江两岸群山绵延，绿草茵茵，芦花摇曳，卵石闪金，田园毗邻，炊烟袅袅，景色十分美丽，可与桂林漓江相媲美，有"华东漓江"之称。江中滩多潭深，甲鱼、石斑鱼、娃娃鱼等鱼类资源丰富，而且还有国家重点保护动物——鼋。沿江南北两岸金温铁路、330国道贯穿而过，有省级风景名胜区石门洞以及陈诚故居、鲤鱼山、太鹤山、石郭坑底、温溪榕堤、洲头古民居群等众多景区景点，是浙南奇山秀水旅游线上的黄金地段。

■ 交通路线

线路之一（上海）：A20外环线－A8沪杭甬高速－上虞，再走上三高速－三门－甬温高速－温州，全程高速498公里。

线路之二（上海）：A20外环线－A8沪杭高速－转杭州绕城东线－杭甬高速－上三高速－甬台温高速－温州，全程约500多公里。

路线三：温州在新城站坐74路到车管所/葡萄棚换乘56路到瓯江大桥。

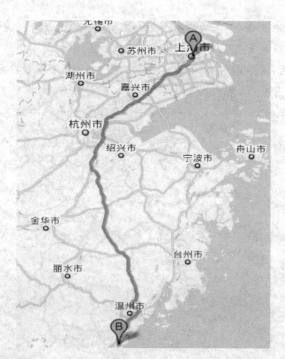

■ 现有农家乐(渔家乐)和宾馆

汇丰商务宾馆

　　汇丰商务宾馆位于温州市南浦大道12号,毗邻火车站、新南站、交通便利、环境优美,地理位置得天独厚,宾馆共有营业面积6500多平方米,按三星级酒店标准装修,为往来宾客提供一应俱全的设施和

热诚周到的服务,务求为宾客营造一个方便、舒适、清洁、安全的商旅之家。宾馆共有8层,拥有140余间不同类型的客房。配备了中央空调、电视、国际国内电话、宽带网络、消防报警、数字监控系统;宾馆内同时设有餐厅,免费为宾客提供营养丰富的自助,提供特色瓯菜、粤菜、川菜、商务套餐,也可举办宴会、酒会等一系列活动。房间价格208~368元不等。

第二章　湖泊休闲旅游

第一节　淡水湖

淳安千岛湖

■　自然资源概述

千岛湖位于浙江省淳安县境内,是 1959 年建造我国第一座自行设计、自制设备的大型水力发电站——新安江水力发电站而拦坝蓄水形成的人工湖,是国家一级水体。千岛湖景区总面积 982 平方公里,其中湖区面积 573 平方公里,因湖内拥有星罗棋布的 1078 个岛屿而得名。

2009 年,千岛湖以 1078 个岛屿入选中国世界纪录协会世界上最多岛屿的湖,创造了世界之最。千岛湖是两江一湖(富春江、新安江、千岛湖)国家级重点风景名胜区的主要组成部分。

它地处长江三角洲的腹地,是上海经济区和我国东南一流风景旅游城市杭州的"后花园"。

千岛湖距杭州 129 公里,距黄山 140 公里,是镶嵌在杭州—千岛湖—黄山名城、名水、名山这条旅游线上的一颗灿烂的明珠。它与西湖、黄山、太湖、金华双龙洞、武夷山等国家级风景区构成了一个有机的旅游网络,千岛湖处于这一网络的中心部位,从上海、江苏、安徽、江西、福建等地区来都很方便。千岛湖与桐庐瑶林仙境、严子陵钓台、建德大慈岩、兰溪诸葛八卦村、龙游石窟、安徽西递、宏村等景点联成一体,吸引众多的游客。千岛湖所在的淳安县北接临安县、南接常山县、西南与开化县、衢州市为邻,东南与桐庐和建德二县市接壤,西北与安徽省交界。

千岛湖门票:
每年 3 月 1 日至 11 月 30 日为旺季,票价为 120 元/人·张;每年的12 月 1 日至次年的 2 月底为淡季,票价为 100 元/人·张。
千岛湖风景区旅游门票优惠票:
旺季票价 72 元/人·张(时间同上),淡季票价 60 元/人·张(时间同上)。

■ **交通路线**

上海到千岛湖的交通:从上海方向出发,走沪杭高速,到杭州如果不到杭州城,那就直接北上杭州绕城高速,到袁浦转至杭千高速即可到达千岛湖镇。时间只要 3 小时。

江苏各城市到千岛湖的交通:如果各城市都有到杭州的高速,那就直接走高速到杭州,然后走绕城高速,不用经杭州城里,这样速度更快。比如从南京出发,走杭宁高速到南庄兜上杭州绕城,至袁浦转至杭千高速到达千岛湖镇。时间为 3.5 个小时。

杭州到千岛湖的交通:杭州是千岛湖的最大门户,坐巴士前往千岛湖的话,从杭州出发最为方便。从杭千高速只需 2 小时即可到达,从杭州沿 320 国道行至富阳右拐走 05 省道或从 320 国道行至建德洋溪右拐走 06 省道都可直达千岛湖镇。

■ 现有农家乐(渔家乐)和宾馆

千岛湖开元度假村

地点：千岛湖麒麟半岛

联系方式：400－820－2922

千岛湖开元度假村位于国家 5A 级风景名胜区千岛湖，是由"中国饭店业集团 20 强"之一的开元旅业集团开发管理的五星级豪华度假村，内有一家五星级度假酒店和 88 幢独立别墅。本着"打造华东第一度假村"的美好愿望，度假村从筹建伊始就诚邀美国 WATG、HBA 和香港 BELTCOLLINS 等国际顶尖设计公司分别担任度假村的建筑规划设计、室内装修设计与室外景观设计，被《时尚旅游》评为

中国15家最佳度假酒店。

价格(仅供参考)：

高级大床房722元,高级双床房722元,豪华大床房770元,豪华双床房770元,湖景大床房979元,家庭套房1099元 ,豪华套房1777元,湖景双床房598元。

杭州千岛龙庭开元大酒店

地点:杭州市淳安千岛湖镇环湖南路1号

联系方式:0571—65018888

　　杭州千岛龙庭开元大酒店,作为千岛湖地标性建筑,由大伟联成(淳安)房地产开发公司按五星级标准设计投资建造,是继杭州千岛湖开元度假村之后,开元旅业集团开元国际酒店管理公司在千岛湖管理的第二家酒店。酒店位于国家4A级风景名胜区、国际花园城市——千岛湖镇环湖南路与开发路交叉点,直临风景如画的千岛湖城中湖区。酒店建筑面积29800平方米,高32层,是千岛湖第一高楼。酒店拥有319间(套)精心打造、豪华舒适的湖景房,风格迥异的中西餐厅、别具一格的餐饮包厢,拥有近1000个餐位,不同规格、装修豪华的会议室融汇顶尖高新科技,是各种高档商务会议的首选;配有各类休闲娱乐设施以及羽毛球场、龙庭商业广场,另配套有21层龙郡阁、23层龙腾阁、25层龙云阁连体高级湖景公寓。

价格(仅供参考)：

　　行政大床房1180元,标准单人房780元,标准双床房820元,高级双床房880元豪华双床房1080,高级大床房880元,行政双床房

1180 元,豪华套房 9800 元,开元套房 2580 元。

杭州西湖

■ **自然资源概述**

　　杭州西湖位于浙江省杭州市西部,杭州市市中心,旧称武林水、钱塘湖、西子湖,宋代始称西湖。它以秀丽的湖光山色和众多的名胜古迹闻名中外,是我国著名的旅游胜地,也被誉为人间天堂。风景区以西湖为中心,分为湖滨区、湖心区、北山区、南山区和钱塘区五个地区,总面积 49 平方公里。西湖的美在于晴天水潋滟,雨天山空蒙。无论雨雪晴阴,无论早霞晚晖,都能变幻成景;在春花、秋月、夏荷、冬雪中各具美态。湖区以苏堤、白堤两个景段的优美风光著称。

　　西湖依杭州而名,杭州因西湖而盛。自古以来就有"天下西湖三十六,此中最美是杭州"。以西湖为中心的西湖景区,是国务院首批公布的国家重点风景名胜区,也是全国首批十大文明风景旅游区和国家 5A 级旅游景区。她三面环山,中涵碧水,山水辉映,面积约 60 平方公里,其中湖面 6.5 平方公里。西湖四周,绿荫环抱,山色葱茏,画桥烟柳,云树笼纱。逶迤群山之间,林泉秀美,溪涧幽深。100 多处各具特色的公园景点中,有三秋桂子、六桥烟柳、九里云松、十里荷花,更有著名的"西湖十景"和"新西湖十景"以及"西湖新十景"等,将西湖连缀成了色彩斑斓的绸带,使其春夏秋冬各有景致,阴晴雨雪独有风韵。

南宋时期的"西湖十景",基本围绕着西湖分布,有的就位于湖上。苏堤春晓、曲苑风荷、平湖秋月、断桥残雪、柳浪闻莺、花港观鱼、雷峰夕照、双峰插云、南屏晚钟、三潭印月,这十景各擅其长,组合在一起代表了古代西湖景观的精华,主要分布在西湖内湖地区和湖区中心。老十景可称为内环景色,三潭印月位于湖中。

"新西湖十景"是1985年经过杭州市民及各地群众积极参与评选,并由专家评选委员会反复斟酌后确定的,它们是:

　　　　云栖竹径、满陇桂雨、虎跑梦泉、龙井问茶、九溪烟树

　　　　吴山天风、阮墩环碧、黄龙吐翠、玉皇飞云、宝石流霞

其中仅阮墩环碧是西湖中的小岛景色。新十景可称为中环景色。

2007年杭州人民和各地群众又评选出了"西湖新十景":

　　　　灵隐禅踪、六和听涛、岳墓栖霞、湖滨晴雨、钱祠表忠,万松书缘、杨堤景行、三台云水、梅坞春早、北街梦寻。

■ 交通路线

沪杭高速—杭州绕城—上塘路高架—西湖大道出口—西湖

各景点交通:

苏堤:乘507、504、K4、游2路Y7路苏堤站下;

曲院风荷:乘507、538、15路曲院风荷站下;

平湖秋月:27路,7路岳坟站下;

断桥:K7断桥残雪站下;

柳浪闻莺:乘K4、38路清波门站下;

花港观鱼公园:乘 K4、538、K599 路苏堤站下;

雷峰:K4,游 1 到净寺下;

双峰插云:乘 507、游 2 路洪春桥站下;

云栖竹径:乘 27 路、508 路龙井村站下;

满陇桂雨:乘 K4 路动物园站下;

虎跑:乘 K4、538、K599 路虎跑站下;

龙井问茶:乘 27 路、508 路龙井村站下;

九溪烟树:K4、27、308、504、游 5 路、假日 5 线可达;

吴山:乘 35、38、40 路到吴山广场站下;

黄龙洞:乘 16、21、23、28、K599 路在黄龙洞站下;

玉皇山:游 3 玉皇站下;

宝石山:乘 K7、游 2、27 路在葛岭站下。

■ 现有农家乐(渔家乐)和宾馆

杭州凯悦大酒店
酒店地址:杭州市湖滨路28号
联系方式:4006—011—535

杭州凯悦酒店地处西子湖畔新湖滨步行街中心区域,紧邻商务、娱乐及购物中心,交通便捷,离城站火车站仅需十分钟,从酒店到杭州萧山国际机场只需35分钟。杭州凯悦酒店坐拥风光如画的西湖山色,是杭州的崭新地标。酒店的设计融合西湖风景与现代风格于一体,是商务、会议和旅游人士的最佳选择。

价格(仅供参考):
凯悦客房:1510元;凯悦湖景房:2080元;凯悦庭苑房:2080元;嘉宾轩至尊房:3788元;嘉宾轩套房:4336元。

蓝天清水湾国际大酒店
地址:玉皇山莲花峰路 37 号
电话:0571—87379999

　　蓝天清水湾国际大酒店是一座拥有山地环境,按五星级标准装修的涉外旅游、商务酒店。酒店坐落在美丽的西子湖畔,有着无与伦比的地理优势——南临玉皇山,步行至西子湖畔仅 5 分钟路程。距离杭州火车站 10 分钟车程,距离杭州萧山国际机场 30 公里,交通优势极为优越。酒店具有汉唐古韵的园林式建筑错落有致,占地 16 公顷。设有商务票务旅游中心等多种服务设施,是杭城会议设施和功能最齐全的酒店之一,最宜举行各类宴会、酒会及会议。

价格(仅供参考):
山景双床房:880 元;园景房:980 元;特色山景房:1080 元;
行政豪景套房:1880 元;玉皇套房:2880 元;玉皇复式套房:6280 元。

萧山湘湖

■ 自然资源概述

浙江湘湖旅游度
假区系浙江省级旅游
度假区。度假区位于
杭州市萧山区城西,
距杭州市中心约 20
公里,隔钱塘江与西
湖风景名胜区相对,
与西湖、钱塘江构成
杭州旅游风景的金三

角。度假区总规划面积 51.7 平方公里,以历史文化湘湖、自然生态
湘湖、休闲度假湘湖为基础,以杭州国际风景旅游城市为依托,将建
设成为长三角较具竞争力和活力的大型休闲旅游度假区。

度假区内的核心湘湖,以风景秀丽而被誉为杭州西湖的"姊妹
湖"。湘湖还是浙江文明的发祥地。这里发掘的跨湖桥文化遗址,是
国家级文物保护单位,这里出土了世界上最早的独木舟,把浙江文明
史前推到八千年;湘湖城山之巅的越王城遗址,距今已有 2500 多年
的历史,是当年勾践屯兵抗吴的重要军事城堡,见证了"卧薪尝胆"的
历史风云,为迄今为止保存最好的古城墙遗址;湘湖是唐代大诗人贺
知章的故里,李白、陆游、文天祥、刘基等历代名人在此留有不朽
诗文。

目前,湘湖景区已形成湘浦、湖上、城山、越楼、跨湖桥等五大景
区,有湘堤卧波、湘浦观鱼、忆杨思贤、绿岛掬星、湖心云影、城山怀
古、湖桥拾梦、越堤夕照、纤道古风、越楼品茗、跨湖问史等 20 个
景点。

浙江湘湖旅游度假区东接萧山城区,西濒钱塘江,北至浙赣铁
路,南临杭州绕城高速公路,距杭州萧山国际机场 30 公里公里,钱江

一桥、三桥、四桥、五桥至西湖仅 15 公里,毗邻正在建设的杭州市 1 号地铁车站,交通十分便捷。

湘湖游览线路:

湘湖一日游:推出一主二副旅游线路

一条主线:即湘湖景区—极地海洋世界,沿着这条游览线路,游客可以乘坐画舫泛舟湖上,欣赏湘湖全景,散步城山广场逛春节庙会,游览湘浦观鱼看湘湖捕鱼节,到极地海洋世界与北极熊、北极狼、企鹅、海豹亲密接触,看鲸鱼、海豚、海狮的精彩表演,看俄罗斯美人鱼演绎水下芭蕾。

副线之一是极地海洋公园(包括极地海洋世界、游乐设施、鸟语林),游玩极地海洋世界,在击浪旋艇、跳跃云霄、旋转木马、虚拟魔幻世界等 20 余项大中小型游乐设施中尽情畅玩,鸟语林园内放养了 80 多个品种近 3000 只鸟类,是目前华东地区品种最齐全的鸟类公园,游客可以亲手喂食,观看鸟类逗趣表演,参观鸟类博物馆,在鸟鸣山幽的茶室喝茶聚会。

副线之二是少儿公园—鸟语林,20 多项新颖的游乐设施将带给孩子无限的欢乐。

杭州极地海洋世界:

全体票:150.00 元,身高 1.3 米以上游客。

优惠票:100.00 元,1.0～1.3 米儿童、现役军人、残疾人、30 年教龄以上的教师(除儿童外,其他所列人员须持有效证件方能享受门票优惠政策)。

免票:1米以下儿童(每位购票成年人限带一名免票儿童)。

■ 交通路线

上海—沪杭高速—杭州绕城高速—下沙钱江大桥—杭金衢萧山东出口—金城路—风情大道—湘湖。

湖州、南京方向:上塘高架→复兴大桥(四桥)→风情大道→湘湖

安徽、临安方向:杭徽高速→留下→转塘→钱塘江大桥→江南大道→风情大道→湘湖

富阳方向:转塘入口→袁浦大桥→风情大道→湘湖

金华、丽水、温州方向:萧山南出口→蜀山路→湘湖

宁波、台州、温州方向:萧山东出口→金城路→湘湖

杭州萧山国际机场:萧山机场出口→萧山东出口→金城路→湘湖

苏州、嘉兴、上海方向:下沙大桥→萧山东出口→金城路→湘湖

■ 现有农家乐(渔家乐)和宾馆

杭州萧山第一世界大酒店

酒店地址:杭州萧山区湘湖路 92 号(近风情大道)

联系方式:400-688-1177

　　杭州第一世界大酒店是长三角首家热带雨林主题酒店,位于 2006 杭州世界休闲博览会主会场休博园内,毗邻湘湖。杭州第一世界大酒店由美国 RPVA 设计公司首席设计师丹尼尔领衔设计,其在拉斯维加斯设计多家高星级主题酒店的经验和才华,在本酒店中发挥得淋漓尽致。

　　杭州第一世界大酒店整体呈八角形,中空为近万方热带雨林中庭,构成了酒店最大的特色。全透明的高空穹顶下是一座鲜花烂漫的东南亚热带植物园,让每个进入酒店所有客房、会议室、餐厅和其他休闲场所的客人,外可观杭州乐园、湘湖、尼斯湖的壮丽美景,内又可欣赏中庭这个瑰丽神奇的童话世界。目前,杭州第一世界大酒店与杭州乐园、湘湖、杭州奥特莱特品牌直销广场等构成了一个最富人气和潜力的度假休闲商业中心。

价格(仅供参考):

休闲酒店标准间:免费上网,宽带,担保预定,含双早,酒店牌价 880 元。

休闲酒店标准间:免费上网,宽带,含双早,酒店牌价 880 元。

高级标准房:双床,免费上网,宽带,担保预定,含双早,酒店牌价 1480元。

高级大床房:大床,免费上网,宽带,担保预定,含双早,酒店牌价 1480元。

高级大床房:大床,免费上网,宽带,含双早,酒店牌价 1480 元。

高级标准房:双床,免费上网,宽带,含双早,酒店牌价 1480 元。

豪华标准房:双床,免费上网,宽带,含双早,酒店牌价 1680 元。

豪华大床房:大床,免费上网,宽带,含双早,酒店牌价 1680 元。

高级房:大床,双床,免费上网,宽带,含双早,酒店牌价 1480 元。

高级房:大床,双床,免费上网,宽带,含三早,酒店牌价 1780 元。

行政标准房:双床,免费上网,宽带,含双早,酒店牌价 1980 元。

行政大床房:大床,免费上网,宽带,含双早,酒店牌价 1980 元。

行政套房:大床,免费上网,宽带,含双早,酒店牌价 3800 元。

杭州萧山湘城商务酒店

酒店地址:杭州市萧山区闻堰镇三江路 100 号

联系方式:4006501123

　　杭州萧山湘城商务酒店地处萧山区西部闻堰镇,邻近钱塘江与富春江,浦阳江的三江汇合处,东靠湘湖旅游度假区,南接义桥镇,北与杭州高新技术开发区接壤,与杭州市区隔江相望,交通十分便利,是浙江省首批实行对外开放的卫星镇。

　　酒店位于沿河路和三江路交界处,由专业人士精心打造,闲时临窗远眺或在傍晚沿江堤漫步将会为宾客带来超凡舒畅的享受。客房布局简洁温馨充分体现时代的气息,另外酒店有独立的餐厅和棋牌麻将场所,为宾客提供全面、周到、温馨的服务。

杭州约克连锁酒店：杭州滨江区火炬南路241－243号。

杭州百味人生大酒店：杭州滨江区滨文路472号。

杭州第一世界休闲酒店：杭州萧山区湘湖路92号。

湘湖周边有许多品茶、餐饮场所：

1.掬星岛；2.越风楼；3.湘湖渔村；4.湘月酒楼；5.湘茗楼；6.莼香居。

湖州太湖

■　自然资源概述

太湖古称震泽、具区，又称笠泽、五湖，位于富饶的沪、宁、杭三角地中心，是长江和钱塘江下游泥沙淤塞了古海湾而成的湖泊。周围则群星捧月一般分布着淀泖湖群、阳澄湖群、洮滆湖群等。纵横交织的江、河、溪、渎，把太湖与周围的大小湖荡串连起来，形成了极富特色的江南水乡。

太湖号称"三万六千顷，周围八百里"，但它的实际面积受到泥沙淤积和人为围湖造田等因素的影响，在形成以后多有变化。今天的太湖，北临无锡，南濒湖州，西接宜兴，东邻苏州，水域面积约为2250平方千米。

太湖流域面积虽然小于鄱阳湖和洞庭湖，但这里气候温和，特产丰饶，自古以来就是闻名遐迩的鱼米之乡。太湖水产丰富，盛产鱼虾，素有"太湖八百里，鱼虾捉不尽"的说法。

太湖水面烟波浩渺，水质清纯。湖中有大小岛屿 48 个，连同沿湖的山峰和半岛，号称七十二峰，构成了一幅山外有山，湖中有湖，山重水复，山环水抱的天然图画。

自然景观：荷花帆影、沉醉桔林间、东山、鼋头渚（yuán tóu zhǔ）、邓尉山、渔人码头。

■ **交通路线**

(1)申苏浙皖高速公路贯穿区域南部。杭宁高速公路贯穿区域西部，已全线通车。318 国道、104 国道分别穿过度假区的南部和西部。

(2)湖州汽车总站坐 2 路公交车至浙北大厦下车，转 4 路 A 或 B 至终点站下。

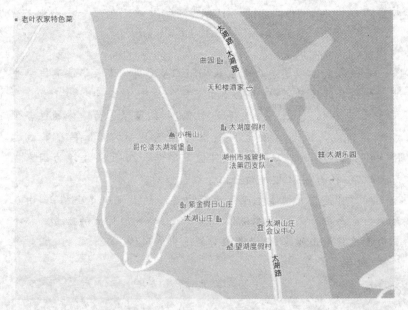

■ 老叶农家特色菜

休闲项目：品尝湖州美味太湖三宝（银鱼、白鱼、白虾）、太湖蟹的太湖渔家乐；

宾馆：度假区现有太湖山庄、哥伦波城堡、太湖乐园等10家旅游企业，24条街餐饮船，在建的五星级酒店1家。总床位1000只，餐位7000只。

■ 现有农家乐(渔家乐)和宾馆

湖州紫金假日山庄

湖州紫金假日山庄位于太湖旅游度假区内，坐拥太湖美景，青山环绕，山庄独有的欧式风格设计与自然风光和谐的融为一体，让来此下榻的游客倍感轻松。紫金假日山庄崇尚自然的休闲度假生活，是为成功商务人士度身打造的集住宿、餐饮、商务、休闲娱乐于一体的高品位的私人会所。其富有文化内涵的硬件装修风格、高品位的经营定位均是湖州及周边地区首屈一指的；辐射苏沪杭、俯瞰太湖，地理位置得天独厚。

标准间:336元,单人间:390元,景观标准间:455元。

湖州哥伦波太湖城堡

哥伦波太湖城堡是西班牙UNISEDA公司董事长华侨吴志康先生在华投资的项目之一,占地20000多平方米,建筑面积为10000多平方米,集住宿、餐饮、会议、商务、休闲度假、活动等为一体的综合性涉外宾馆。湖州哥伦波太湖城堡是湖州地区2003年首家通过ISO9001、ISO14001"双论证"的度假性酒店。2005年被评为国家级绿色饭店,2007年又被评为全国顶级度假村。

湖州哥伦波太湖城堡坐落于烟波浩渺的太湖南岸小梅山,由八座奶白色西班牙风格的建筑依山而建,犹如一组巨大的雕塑。整个奶白色建筑依山傍水,弥漫着浓郁的地中海风情。

价格(仅供参考):

标准房:560元,观景套房A:700元,观景套房B:840元。

湖州太湖山庄

湖州太湖山庄,前临太湖,背倚青山,庭园建筑,别具风韵。入住山庄,晨观日出,午看帆舟,夜赏渔火,太湖风光尽收眼底。

湖州太湖山庄有贵宾楼1幢,各类客房82间;会议室7间,可分别容纳10～150人,会议接待实行经理负责制,提供会务跟踪服务;拥有餐位400余个,菜肴以太湖特色为主,"银鱼、白虾、鲹鱼"太湖三宝闻名遐迩,独具特色的中国名宴"太湖宴"不仅让你尝遍湖中鲜,还能品味悠久的太湖文化韵味。

康娱游乐活动丰富多彩:KTV、桑拿保健、足浴、美容美发、保龄球、台球、沙壶球、棋牌室、林中茶座、游艺机等。湖州太湖山庄还配备豪华高速游船一艘,开通了太湖西山、无锡灵山大佛二条线路,或者乘坐游览船游览太湖风光。

除了室内娱乐设施外,室外游乐项目丰富:太湖乐园、水上世界、卡丁车、沙滩游泳场、水上飞机、攀岩、滑板、垂钓园、碰碰车、蹦极、索道车等,任你选择。

价格(仅供参考):

山景标间:248 元,湖景标间:280 元 ,商务单间:350 元。

公交路线:湖州火车站乘 4 路公交可直达景区。

嘉兴南湖

■ 自然资源概述

南湖风景名胜区位于嘉兴市区,规划区域总面积 276.3 公顷,其中水域面积 98 公顷。南湖因地处嘉兴城南而得名,与西南湖合称鸳鸯湖。南湖是浙江三大名湖之一,素来以"轻烟拂渚,微风欲来"的迷人景色著称于世。

1921 年 7 月底,中国共产党第一次全国代表大会在南湖的一艘画舫上完成了最后的议程,庄严宣告中国共产党成立。南湖从此成为党的诞生地,全国人民向往的革命圣地,中国红色旅游之源。

南湖风景名胜区内自然景观与人文景观交相辉映,分布着风景名胜十多处,文物保护单位六处,主要有会景园、湖心岛、南湖革命纪念馆、四季园、英雄园、揽秀园、壕股塔、小瀛洲、放鹤洲、鸳湖生态绿洲等,其中中共一大嘉兴南湖会址是全国重点文物保护单位。

目前,南湖风景名胜区是国家 AAAAA 级景区、全国红色旅游经典景区、华东旅游线上著名的旅游区、全国百个爱国主义教育示范基地之一。同时,南湖风景区也是浙江省党员教育基地、廉政文化基地和诚信景区。

景点门票价格 60 元(包括会景园,湖心岛,南湖革命纪念馆,揽秀园,壕股塔五个景点和每到一个景点的轮渡费),进入红船的价格是 20 元。

■ 交通路线

嘉兴火车站乘 1 路车可达,乘出租车起步费 5 元,三轮车 3 元可到。

■ 现有农家乐(渔家乐)和宾馆

嘉兴忆江南假日酒店(三星级)

嘉兴忆江南假日酒店坐落于嘉兴南湖边,是嘉兴城市的核心地段。与"天然空调"南湖水景相伴,"天然氧吧"城市中央森林公园为邻,紧靠南湖会景园入口和南湖市民广场,南湖渡口停车场宽敞,周边道路交通便捷,距大剧院、火车站几分钟车程,步行至图书馆、博物馆也只需几分钟。

价格(仅供参考):

房型	门市价	优惠价	早餐	宽带
普通标间	360元	155元	双份	免费
豪华大床房	500元	180元	双份	无
豪华标间	480元	190元	双份	免费
普通三人间	400元	190元	三份	无
家庭间	480元	190元	三份	无
豪华套房	680元	260元	双份	免费

嘉兴俪都中港大酒店(四星级)
地址:南湖区中环南路双溪路口

嘉兴南湖国际俱乐部(五星级)

酒店坐落于南湖景区内,建筑风格为江南水乡民居中式风格,是一座闹中有静的现代园林式酒店。

余姚牟山湖

■ 自然资源概述

余姚市牟山镇位于宁波的最西部,被誉为"姚西明珠",这里背靠青山,面对绿野,是宁绍平原上典型的鱼米之乡,境内有宁波第二大天然淡水湖——牟山湖。牟山湖三面环山,传说此处有金牛出水露角,故称牟山湖。湖西的千年古樟树底下就是五夫营房,背靠大旗山,面临牟山湖,占尽了地理优势。据传南宋岳飞部将牛皋曾在这里扎营练兵,留有岳王庙古迹。营房之南便是西湖岙,是余姚西山白杨梅的重点产地之一。往东南便是姜山村,村口有美女池,村旁有姜山庙,庙北门正对南宋文物方丈碑,碑体刻有六首楷书古诗及"方丈"两个大字。碑文古诗所描述的是姜山村周围白马、金鸡、积翠、凌云和峨眉等五峰的秀丽景色。方丈碑现为市级文物保护单位。姜山村有百年以上树龄的古樟树二十多棵,最老的古樟树龄已达千年,多数古樟树环绕在村口美女池的池边,形成一个奇特的古樟群自然景观。

　　牟山湖现有水域面积近5000亩,水草茂盛,水质清冽,无半点污染,盛产蟹、鲫、鲤、鳊、鳜、虾、等各种水产,尤其以蟹最负盛名。所产牟山湖大闸蟹个个"青背、白肚、黄毛、金爪",而且肉质肥嫩、鲜美,曾有诗赞曰:"螯封嫩玉双双满,壳凸红脂块块香",被人称为"蟹中之王"。由于牟山湖湖底多为砾沙沉积,土质较为坚硬,练就了牟山湖大闸蟹的螯爪特别强劲和秀长,同时由于牟山湖湖水中含有镁等多种微量元素,故牟山湖大闸蟹的营养价值比其他地方的河蟹要高出许多。

■ 交通路线

自驾:61 省道余姚至牟山方向,过马诸收费站 2 公里,进牟山村道口之后途径铁路道口向西两公里;

公交:余姚西站坐 501 公交车到牟山镇途径湖西陆三岔路口下,徒步 2 千米经过高速立交桥即到(或从宁波南站坐余姚车,到西站后,打的到目的地)。

自驾游:

主要线路:天一广场→中山西路→望春路→高桥西路/318 省道→杭甬高速→501 县道→余姚市牟山湖

详细线路:

浙江省宁波海曙区天一广场

1. 从华楼巷向西方向,前往开明街 160 米

2. 在 1 路口向右转,朝开明街行进 140 米

3. 在中山东路向左转 350 米

4. 继续前行,上中山西路 3.1 公里

5. 继续前行,上望春路 210 米

6. 稍向左转,继续沿望春路前行 4.2 公里

7. 继续前行,上高桥东路 1.9 公里

8. 继续前行,上高桥中 500 米

9. 继续前行,上高桥西路/318 省道

继续沿 318 省道前行 7.9 公里

10. 左转走杭甬高速

部分收费路段 42.3 公里

11. 下牟山/五夫/周巷出口走杭甬高速出口

部分收费路段 750 米

12. 上匝道,前往 501 县道 66 米

13. 在 501 县道向左转 700 米

14. 左转走杭甬高速

■ 现有农家乐(渔家乐)和宾馆

余姚牟山湖休闲农庄

　　牟山湖休闲农庄位于牟山湖畔,三面环山,开门见湖,绿水环保,环境优美。依托余姚市牟山湖水产种苗场的资源优势和品牌优势,本着为顾客提供优质服务的理念,以创建特色服务为竞争优势,在牟山湖休闲农业中迅速占领了一席之地。提供垂钓、餐饮、住宿、棋牌等休闲服务。

牟山湖休闲农庄以科技为先导,注册的"牟山湖"牌大闸蟹,先后

获得浙江品牌产品、宁波知名商标、浙江省绿色无公害优质畅销产品、全国水产养殖基地。

价格(仅供参考):标准房间 128 元,商务套房 158 元。

交通:

自驾:61 省道余姚至牟山方向,过马诸收费站 2 公里,进牟山村道口之后途径铁路道口向西两公里;

公交:余姚西站坐 501 公交车到牟山镇途径湖西陆三岔路口下,徒步 2 千米经过高速立交桥即到。

余姚牟山湖垂钓农家乐

牟山湖垂钓中心地处余姚市西部,中心以宁波市第二大天然湖——牟山湖作为依托,紧靠萧甬铁路,交通便利,环境优美,是一个适合城乡居民垂钓、餐饮、休闲的农家乐基地。中心占地面积 200 余亩,以新鲜的空气、芬芳的泥土、成荫的绿树、飘香的瓜果,营造了一处风光优美、情调高雅的田园小居。现代化建筑与传统庭院相结合的水上垂钓餐厅,使人能够尝到既新鲜又放心、既活跃又浪漫的湖鲜野味。

牟山湖垂钓中心能够提供垂钓、餐饮、客房、会议室等配套设施齐全的综合性服务,其中:垂钓区占地面积 150 亩,包括垂钓池和垂钓河,可供专业人士及垂钓爱好者使用,也可供组织垂钓比赛用。垂钓池有 5 只,面积达 100 亩,投放有各类特种名贵鱼类,适合使用不同的垂钓方式和垂钓器具;垂钓河东西走向,长 1000 米,南北宽 30 米,水面面积约 50 亩,生长有各类野生特种水生动物。游客在此休闲垂钓的同时,足可领略大自然赐予的清凉美景。

餐饮区设置了大小包厢 20 间,可容纳 200 余人同时就餐,菜谱以农家菜为主,以河鲜野味为特色,不同的美味佳肴,使人回味无穷。客房、会议室等设施置于一艘大船之上,宽敞舒适的环境,清新明快的格调,田园淳厚的气息,远离繁华都市,感觉别样安逸,让游客在忙碌中拥有一个完全自由放松的空间。

　　交通:杭甬高速、61省道横贯牟山全镇,319国道掠镇而过。西从牟山道口过五夫绕环湖北路前行一公里即可见到牟山湖垂钓中心,东从环湖北路直接进入即可到达。

余姚四季山庄

　　四季山庄位于余姚市牟山镇,园区总占地面积1300亩,内有天然钓鱼塘40余亩。山庄具备多功能厅、大小会议室、餐厅、包厢、棋牌室、室内外茶室、运动设施,并另设有别墅6幢,可同时接待200余人会议、就餐、住宿,是企业、单位、团体组织工会活动的理想之所。

　　牟山镇四季山庄融生态农业休闲旅游观光为一体,具有组织大批量游客参观田园风光、自然山色、鲜果采摘等条件,并能提供旅游、休闲、度假、会议、娱乐等活动场所。主要旅游项目有:园区自然风光欣赏、花木盆景欣赏、垂钓烧烤、鲜果采摘、购买家禽、珍稀动物观赏等。2005年被浙江省旅游局评为省首批二星级乡村旅游点,目前农庄已初步通过国家农业旅游示范点的验收,省三星级乡村旅游点的申报工作也已经开始。

交通:杭州—(杭甬高速)—余姚牟山道口—牟山镇—四季山庄,时间约1小时10分。

相关资讯:

1.周边景区有:牟山湖

2.主要特产有:大闸蟹、有机蔬菜、花木

3.主要特色:垂钓烧烤、农耕体验、度假休闲

4.山庄共有餐位300个、床位50张,为游客提供餐饮、住宿服务。

牟山湖水上人家

特色产品:"牟湖牌"大闸蟹、鳜鱼、虾干、鱼干

活动项目:牟山湖观光,垂钓,采摘和农家饭等休闲娱乐设施,以垂钓、采摘为特色,农产品销售为辅助。

周边景点:休闲农庄、好啷哉农庄、四季山庄

余姚市牟山湖水上人家,坐落在牟山湖南畔,是都市人们接近自然、体验野趣、休闲观光的好去处,是宁波市第二大天然淡水湖——牟山湖的水面承包经营者,承包5000余亩,是宁波市规模最大的河蟹养殖基地,也是都市人们接近自然、体验野趣、休闲观光的好去处,内设有牟山湖观光、垂钓、烧烤、棋牌、会议室,吃农家乐。并向社会各界提供"牟湖牌"系列大闸蟹、鳜鱼、虾干、鱼干等名特优农副特产。牟山湖水上人家今年已被评为宁波市级农家乐休闲旅游示范点。

旅游项目:垂钓、烧烤

交通路线：
公交车：余姚西站坐班车到牟山—牟山镇湖山村
自驾车：余姚市区—61省道—牟山镇湖山村

诸暨白塔湖

■　自然资源概述

　　诸暨白塔湖国家湿地公园位于诸暨北部，是浦阳江流域的一个天然湖荡，是诸暨市最大的生态湿地，也是诸暨北部重要的生态屏障。湿地公园总面积为1386公顷，其中规划面积为856公顷。它内部共形成78个岛屿，呈现"湖中有田、田中有湖、人湖共居"的景象。白塔湖湿地公园水陆相通，风光旖旎，生态资源丰富，自然景观质朴，文化积淀深厚，素有"诸暨白塔湖，浙中小洞庭"之美称，是一个集自然湿地、农耕湿地、文化湿地于一体的国家湿地公园。

■　交通路线

　　路线一：自驾游：上高速至杭金衢高速公路互通立交口，再按路标至诸暨店口镇——白塔湖。

　　路线二：汽车：从汽车站坐车到诸暨店口镇，再打的或者包车到白塔湖。

■ 现有农家乐(渔家乐)和宾馆

诸暨海亮商务酒店

　　海亮商务酒店坐落于诸暨店口华东汽配水暖城内,是由中国500强企业——海亮集团斥资2.65亿元兴建的四星级豪华商务型酒店。酒店环境优越,交通便捷,毗邻华东珠宝城。酒店拥有各类豪华客房160余间套,室内布置典雅、设施齐全;拥有1000余平方米多功能宴会厅一个;装饰豪华、风格独特的餐饮包厢30余只;精典雅致的西餐厅一个;规格不同的会议室五个。酒店还拥有一流娱乐设施,大型浴场、足浴、桑拿、KTV、SPA、棋牌、美容美发等。

酒店地址:浙江诸暨店口华东汽配水暖城。

价格(仅供参考):商务标准间 313 元,豪华标准间 386 元,行政标准间 442 元。

电话:0575－87628888。

绍兴东钱湖

■　自然资源概述

　　东钱湖位于宁波市东侧,距市中心 15 公里,湖的东南背依青山,湖的西北紧依平原,即东经 121°34′,北纬 28°52′,是闽浙地质的一部分,系远古时期地质运动形成的天然潟湖。东钱湖作为海迹湖泊,是浙江省最大的内陆天然淡水湖,是浙江省最大的淡水湖。南北长 8.5 公里,东西宽 6.5 公里,环湖一周约 45 公里,全湖面积为 20 平方公里左右,面积是杭州西湖的四倍,号称"华夏沿海第一湖"。四周青山环抱,林木苍郁。湖岸蜿蜒曲折,溪流众多。湖面一望无际,烟波浩渺。东钱湖风光旖旎,身临其境,令人心旷神怡,宠辱皆忘。这里地灵人杰,也有悠久的历史、绚丽的文化,是个人文荟萃之地。

　　钱湖全湖可分为三个部分:西湖以师姑山、笠大山为界,称"谷子湖";东北以湖里为界,称"梅湖",此湖已于 1961 年废湖,建立梅湖农场,其余湖面称为"外湖",外湖自 1976 年建成湖塘边后,又分为南、北两部分。三者合起来统称为"东钱湖"。东钱湖周围山并列、秀峰峥嵘,千姿百态;它的东南方雄峙着福泉山,西北方横亘着月波山;东北方则围以龙蟠山和梨花山,前对白云后枕目塔,陶公山巍峨地虎踞其北,百步尖屹立于遇,二灵与霞屿遥对,大慈共隐学相望。四周有

七十二条溪汇流于湖;三峡溪倾于东,泉月溪灌于西,郭童溪流于北,象坎溪注于南,其余如上水、下水、韩岭、青山、黄菊、紫场,大慈等溪,纵横贯注,汇成烟波浩渺的东钱湖。因而素有"西子风光,太湖气魄"之称。

东钱湖又是宁波重要的水利工程。环湖有七堰九塘其布四周。七堰是钱堰、梅湖堰(废)、粟木堰(废)、莫枝堰、平水堰、大堰、高秋堰。九塘为梅湖塘、梅湖堰塘、粟木塘、莫枝堰塘、大堰塘、平水塘、钱堰塘、方家塘、高湫塘。东钱湖一带属亚热带季风气候,年平均降水量约1374毫米,最低气温零下8.3℃,最高气温38.5℃,年平均所温

为 16.2℃。由于湖水调节气温,既宜于农业精耕细作,旱涝保收,也利于航运和消暑避寒。东钱湖水灌溉鄞县、奉化、镇海八个乡五十余万顷农田,使环湖农田岁岁丰登。宁波过去有句俗话:"田要东乡,儿要亲生"。东乡的田,年年高产,靠的就是东钱湖水;而且宁波市区大部分食用水也赖此湖供给。

■ **交通路线**

(1)市内交通

1.去东钱湖到宁波火车南站乘 906 路公交可直达景区,票价 2 元。

2.宁波乘 901、902、365、106、388、621 到东钱湖镇再转乘 906、960 可直达。

(2)自驾交通

杭甬高速在大朱家出口或宁波东出口下(出口处有景区标牌)再走鄞县大道直到景区。

上海出发:上海火车站乘火车(T741/T739)到宁波,硬座 31 元,行驶 3 个多小时,火车站可以坐 556 公交到达景区,或者上海南站汽车站(恒丰路汽车站)乘汽车到宁波(15~20 分钟左右一班车)。

杭州出发:杭州火车站乘火车(N555,N561)到宁波,硬座 29 元,行驶 2 个多小时,或者在杭州汽车西站乘客车到宁波汽车站。

南京出发:南京火车站乘动车,行驶 6 小时,或者在南京汽车站乘汽车到宁波汽车站。

■ **现有农家乐(渔家乐)和宾馆**

东钱湖双虹阁农家乐园

东钱湖原分里外三湖。西北为谷子湖,东北为梅湖,余称外湖。清道光二十八(1848 年),利用浚湖淤泥在梅湖邵家山至杨家山这间修筑了长堤,长五里,故称五里塘。塘首尾各建石拱桥一座,东为下虹桥、西称上虹桥。暮春初夏,雷阵雨止,常有七色彩虹挂空,其时彩霓在上,弓桥在下,山水映辉,景色艳丽。故取李白"两水夹明镜,双

虹落彩桥"之意,名此景为
"双虹落彩"。乐园以"吃农
家饭,住农家屋,游农家乐"
为主要内容,是集休闲观光
旅游,领略乡村风情,体验
农耕文化为一体的生态型
综合性旅游景点。

　　特色是农家乐发展的
生命所在,越有特色就越有
竞争力和发展潜力,双虹阁农家乐园的规划设计就是突出东钱湖的
地方特色,提供更丰富更新颖的旅游产品。

　　双虹阁推出的特色湖鲜也很受游客欢迎,比如野生河鲫鱼、泥
鳅、排鱼、螺蛳等。

　　双虹阁农家乐园经过三年多的发展,目前拥有客房、棋牌、餐饮、
茶室、垂钓、水上餐厅、水上烧烤长廊、农家湖鲜等特色项目,但随着
市场需求的扩大,扩建规划已提到日程上来,目标是向多功能的综合
型方向发展,将强调与城市生活的对话,开拓成"可览,可游,可居"的
环境景观,构筑"城市—郊区—乡间—田野"的空间休闲系统。

宁波华茂东钱湖酒店

　　宁波华茂东钱湖酒店地处浙江省重点旅游风景区，冬暖夏凉，气候宜人，是大型会议、旅游、度假、疗养的胜地。

　　宁波华茂东钱湖酒店依山面湖，拥有各类豪华望湖客房，大小餐厅 12 个，共计 800 个餐位，大小会议室 9 间，总共 800 个席位。

　　宁波华茂东钱湖酒店康乐设施缤纷多样，设备先进。超级市场，珍品屋，艺术画廊营造一流购物环境。商务中心服务快捷准确方便。中央空调系统，卫星接收闭路电视系统，电脑管理系统，程控电话系统和现代化的消防系统等设施足令来宾享受现代化的舒适与惬意。

价格(仅供参考)：

标准房 B(背湖)，含双早，218 元

单人房，含双早，238 元

标准房 A(背湖)，含双早，248 元

标准房 B(面湖)，含双早，238 元

标准房 A(面湖)，含双早，268 元

宁波沙山村度假酒店

地址：宁波鄞州区东钱湖沙山路

地理位置：

距离宁波栎社机场 35 公里（出租车起步价 10 元起）；

距离宁波火车南站 36 公里（公交车 906 转 968 终点站，共 4 元）；

距离天一广场 30 公里（公交车 906 转 968 终点站，共 4 元）。

  酒店坐落于依山傍水、风光秀丽的东钱湖旅游度假区东岸中部二灵山边脉肢下的沙山村。距宁波以东 20 公里处，到达宁波市区和栎社机场为 20 分钟车程，进入沪杭甬高速和同三线高速仅需 10 分钟，交通十分便捷。

  酒店内湖光山色，鸟语花香，草地宽广，树木葱郁，融东方园林之精华于一体。园内一年四季风景如画，让人赏心悦目，堪称甬城之最。各种飞鸟、小动物在园内自由栖息，充分展示了 21 世纪人与自然的和谐统一。

  酒店按四星级标准建造，拥有各种舒适明亮客房 110 余套，分别由天临阁、东天苑、鄞波居和几十幢粉墙黛瓦，具有江南水乡风格的民居组成。客房包括了高级套房、套房和极具特色的总统房。美食天地，汇聚各地风味，中西佳肴均由名师掌勺，200 余个餐位分属大小餐厅和包厢群，可承办各类宴请，提供 24 小时送餐服务。

  酒店为宾客提供多种亲情服务，如机场接送、订票服务、礼宾服务、美容美发、医疗服务等。同时拥有不同种类，设施齐备的会议室和多功能厅,集健身、网球、桌球、棋牌等于一体。酒店可以给宾客提供湖中娱乐项目,比如垂钓、划船、快艇等。另外,酒店还为宾客设置了旅游线路,如福泉品茶,小普陀观光,野生动物园游览等。

价格(仅供参考):

百姓大床间:498 元(含早餐)

百姓双床间:498 元(含早餐)

钱湖悦庄酒店

　　宁波钱湖悦庄酒店是由宁波宁丰三盛投资发展有限公司投资并管理的一家四星级标准休闲度假酒店。酒店坐落于享有"西子风韵、太湖气魄"美誉的东钱湖畔。

　　湖悦庄酒店拥有 118 间(套)豪华客房和高档中、西餐厅,大型多功能会议厅和各类康体休闲娱乐设施一应俱全,酒店致力于为高端会议和休闲旅游度假者提供尊贵服务。"感受完美品质、享受惬意生活,尽在钱湖悦庄"是服务宗旨。

绍兴鉴湖

■ 自然资源概述

　　鉴湖位于中国浙江省绍兴市南,经纬度 N29°58′,E120°14′,是我国长江以南著名的水利工程,古鉴湖淹废后的残留部分。俗称长湖、大湖、庆湖,雅名镜湖、贺鉴湖。鉴湖一带是典型的江南水乡风光。湖上桥堤相连,渔舟时现,青山隐隐,绿水迢迢。王羲之诗:"山阴道上行,如在镜中游。"

俗话说"鉴湖八百里",可想当年鉴湖之宽阔。鉴湖是一处适合观光游览、休闲度假的江南水乡型风景名胜区,由东跨湖桥、快阁、三山、清水闸、柯岩、湖塘 6 个景区和湖南山旅游活动区组成。鉴湖不仅有独特的自然风光,还有许多名胜古迹为之增色。

绍兴柯岩风景区(鉴湖风景区)

绍兴柯岩风景区是融绍兴水乡风情、古采石遗景、山林生态于一体的风景名胜区,景区总规划面积 6.87 平方公里,以古越文化为内涵,古采石遗景为特色,始于汉代,距今已有 1800 多年历史;至清代,形成著名"柯岩八景",为越中胜景,经过现代别具匠心的园林营造,现已形成石佛、镜水湾、越中名士苑、圆善园及香林等五大景区,集中反映了绍兴的石文化、水文化、名士文化及宗教文化,游程 4～6 小时,是近年来绍兴规模最大、功能最全,并融自然、园林、宗教及娱乐、休闲项目于一体的风景旅游区。

该景区包含以下子景点:鉴湖景区,圆善园景区,名士苑景区,镜水湾,鲁镇。

地理位置:柯岩风景区位于绍兴城西八公里、杭州东郊十二公里处,北依中国轻纺城,为鉴湖—柯岩风景名胜区的核心景区。

鲁镇景区

　　鲁镇景区融汇旧时绍兴水乡的民俗风情、建筑风韵、自然景致，是百年前绍兴水乡的一个缩影。

　　鲁镇景区是再现型文化主题景区，是传统旅游景区和现代主题公园理念相结合的产物。根据鲁迅作品中多次出现的"鲁镇"这个典型环境，鲁镇景区将《阿Q正传》、《祝福》、《狂人日记》等鲁迅作品和绍兴的传统文化相结合，以越文化为底蕴，全面展示绍兴水街古镇。

　　鲁镇分为传统餐饮区、传统商铺区、休闲展示区、传统民居区、水上游览区五大区域。五大区域以河相隔，以桥相连，集参观、餐饮、购物、住宿、休闲、娱乐于一体。

鉴湖景区

　　鉴湖乃历史名湖。建湖1800多年来，其美丽而独有的湖光山色，可谓尽享风流。唐代诗圣李白云：镜湖水如月，耶溪女似雪。南宋诗人陆游高吟：千金无须买画图，听我长歌歌鉴湖。明代杂家袁宏道遗咏：六朝以上人，不
闻西湖好。清代齐召南诗赞：白玉长堤路，乌篷小画船。坐落在柯山脚下的鉴湖景区为鉴湖的一个主要部分，面积1.47平方公里，其中水域面积占48.7%，建有四大景点，即东汉笛亭、南洋秋泛、五桥步月、葫芦醉岛。她既能与柯岩景区连缀一起，山水兼容、岩湖互衬，又可单独成景，风光秀丽。

柯岩景区

　　柯岩风景区，位于绍兴城西12公里处柯山东麓，南临鉴湖，北连柯桥，总面积为6.87平方公里，是鉴湖省级风景名胜区的核心景区，始于隋唐,距今已有 1000 多年历史。柯岩之"柯",来源于柯亭。古人建驿亭,因陋就简,树枝为梁,青竹为椽,茅草为顶,以柯名亭,自有一种草创的粗犷原始。柯岩以石景而名世,但这石景却非天设地造。柯山之石石质优良,石条、石板便源源不断地从这里流向四方。从魏、蜀、吴割据的三国时期发端,柯山便成了有名的采石场达四百余年,偌大一座柯山,竟被齐根挖去大半。"削壁耸千尺,危崖锁雾中",鬼斧神工般地造就了姿态各异的石宕、石洞和石壁,留下了后人为之心惊、为之动容的奇异景观。柯山也从乱石纷飞的采石场逐渐变为人们览胜的"绝胜"之地。至清代乃有柯岩八景著称于世,山明水秀,峰奇岩幽,时人津津乐道。经现代别具匠心的营造,山水巧置、如诗如画,建成了天工大佛、七岩观鱼、三聚同源、越女春晓、镜水飞瀑、仙人洞桥等二十多个景点,形成了石佛、镜水湾、越中名士苑三大景区。

■ **交通路线**

路线一(自驾车):沪杭甬高速柯桥道口、杭金衢高速杨汛桥道口下去各一刻钟。沪杭高速转杭甬高速至景区。

　　路线二(公交车):绍兴市区 603 路、77 路公交车直达柯岩风景区;柯桥轻纺城汽车站(服装市场)有 77、615、607 路公交车直达柯岩风景区。

　　路线三(火车):从杭州火车站至绍兴火车站再坐公交或出租车可直达景区。

　　路线四(汽车):杭州吴山广场每天 8:20 有旅游专线车前往柯岩风景区。

■ 现有农家乐(渔家乐)和宾馆

绍兴鉴湖大酒店

　　绍兴鉴湖大酒店占地 146 亩,总建筑面积 51000 多平方米。拥有多功能主楼、娱乐城、贵宾楼、大型停车场及其他配套设施,各建筑以江南传统院落形式组合,依山傍水,粉墙黛瓦,鸟语花香,是一家独具水乡特色、越地风情的园林式五星级标准酒店。酒店拥有 258 间客房和独立的商务楼、功能各异的会议中心,是商务、会议下榻的理想场所。风格迥异的中西餐厅、日本料理、酒吧等其中大型宴会厅能同时容纳 500 人就餐,能满足不同层次的宴请需求。大型高档娱乐城,不仅拥有多功能演艺厅、KTV 包厢、美容中心、健身中心、棋牌室、室内外游泳池、各类球类设施,还有柯岩、鉴湖、鲁镇三大景区及室外高尔夫练习场。

价格(仅供参考):高级标准间 590 元,普通标准间 490 元。

联系号码:0575—85568888

绍兴鉴湖大酒店交通位置:

萧山国际机场出租车30分钟左右；

绍兴火车站巴士30分钟左右；

绍兴汽车西站出租车30分钟左右；

柯桥汽车站出租车10分钟左右。

绍兴佳家短租公寓

位于柯岩风景区旁梅墅水庄小区，步行仅10分钟至柯岩—鉴湖—鲁镇风景区，提供无线上网，自助厨房，自助洗衣，还有复印传真等商务服务。

超值的星级享受，百元以下的平民价格，公寓装有警方提供的远程监控系统，和其他防盗设施，已与当地110联网，保护住客的安全。

有标准间和商务单间，商务单间原价158元，优惠价格68元。

联系电话：0575—84316205

绍兴瓜渚湖

■ 自然资源概述

瓜渚湖，古名桥塘湾。位于浙江省绍兴市柯桥中国轻纺城东北，南阔北狭，南北长2公里，东西长约1公里，其形若瓜，故名。现有水面面积1.5平方公里，为绍兴平原第三大湖。周围有九十八井三庙四祠堂。可谓步步皆风景，处处有史迹，附近有感圣湖，宋高宗避难泊于此，与瓜渚湖相连。随着中国轻纺城的兴起，该湖已成为旅游业开发热点之一。

如今，就在轻纺城的东北角，随着环绕瓜渚湖的东南西北四个公园修葺完成,突然间给这座城市带来了一种祥和、宁静的气氛。湖,是城市的眼睛。瓜渚湖,使柯桥像一个美人睁开了漂亮的眼睛,一种灵动的、惊艳的感觉,使这座钢筋水泥建筑林立的城市,充填了温柔的元素。

■ 交通路线

自驾车:上海—G60 混困高速(原沪杭高速)—绕城高速—杭甬高速出口下—走杭甬高速—在柯桥轻纺城出口下—走 115 县道—经过 2 个环行交叉口—直行 8.8 公里—在群贤路向左转—在第 2 个路口向右转—走湖东路—即到。

■ 现有农家乐(渔家乐)和宾馆

绍兴鑫洲海湾大酒店(柯桥店)

绍兴鑫洲海湾大酒店(柯桥店)位于绍兴市柯桥鉴湖路与金柯桥大道的交汇处,东依瓜渚湖休闲中心,南临中国轻纺城市场和国家4A级柯岩风景区,西靠步行街,北往杭甬高速路口,坐落于四大银行中心,交通便利。绍兴鑫洲海湾大酒店(柯桥店)拥有各类客房,设有中央空调、卫星电视接收系统、宽带上网等设施;2～5F 设有各种风情包厢,是餐饮与客房集一体的综合性三星级商务酒店。

价格(仅供参考):

普通标间:252 元,商务标间:312 元。

地址:柯桥鉴湖路 31 号(近金柯桥大道)

电话:0575－84110799

绍兴富丽华大酒店

绍兴富丽华大酒店大酒店是由浙江蓝天实业集团打造的一座现代化绿色商务型酒店。位于绍兴县政治经济中心、商业一条街笛扬路与群贤路交汇处华联国际商贸城,毗邻风光怡

人的酒店占地面积 1.3 万平方米,建筑面积达 3 万多平方米。酒店周围环境优美,景色优美,明珠广场,环城河公园美景尽收眼底。绍兴富丽华大酒店精良的硬件设施和专业的优质、个性化服务,向您展示富有江南水乡,桥乡的风情和现代气息的服务文化。

价格(仅供参考):标准间 360 元。

地址:绍兴绍兴县柯桥笛扬路 1288 号(近群贤路)

电话:0575－84128888

德清下渚湖

■　自然资源概述

下渚湖,又名防风湖,位于德清县城武康郊区,中心湖区面积约 1890 亩,相当于 1.26 平方公里,整个水域面积 3.4 平方公里,是浙江省第五大内陆湖。

江南最大的天然湿地下渚湖的神奇在于湖面或开阔如漾,水天一色;或狭窄如港,汊道曲折,遍布湖荡的岛屿沙渚土墩形各异,隐伏岛屿台墩 600 余座。湖中有墩、墩中有湖;港中有汊、汊中套港。弯弯绕绕,就像走在一座巨大的水上迷宫里了。这里港湾交错,芦苇成片,河水清澈,野鸭群息,基本保持着原始状态。湖东西两侧有防封山、禹山,山上有许多古迹。湖中有道观山、和尚山,两山中间又有扁担山相连,相传当年大禹为表彰防风氏治水有功,特赐封山禹山方圆百里,立为防风国,为良渚文化的发祥地之一。

下渚湖为一具有多样性景观的典型天然湖泊湿地,原生状态保持最完整的天然湿地之一。地势高处生长有樟、桑、枫杨、竹等植物,其中竹园 60 公顷,桑园 3 公顷。地势低处芦苇飘荡,荻花泛光,其中芦苇荡面积约 25 公顷,葵园面积约 5 公顷。下渚湖湖中红荷菱角,莲藕生香,鱼虾蚌鳗鳖等水产丰盈,其中鱼荡总面积约 55 公顷,水田面积约 10 公顷,为"欧诗漫"珍珠和"水精灵"青虾的养殖基地之一。下渚湖的农家菜更是别具特色,下渚湖春秋饭店的特色农家菜和江南古木餐厅吸引众多游客的品尝和欣赏。下渚湖湿地为鸟类的乐园,夏季主要栖息有白鹭、灰鹭等,冬季主要栖息有野鸭等,水鸟已成为该湿地的一大景观。

■ **交通路线**

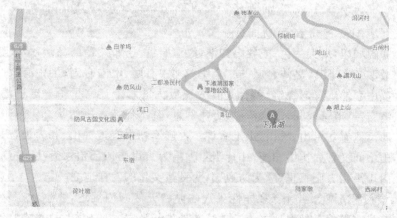

1. 杭州方向:从中河高架至杭宁高速,在德清出口处往乾元、新

市方向下,经 09 省道至德清下渚湖,全程约半小时;

2.上海方向:从沪杭甬高速,在临平出口处下,经 09 省道或由桐乡市梧桐镇走桐德公路至德清下渚湖,全程约两小时;

3.苏南方向:从宁杭高速,在德清出口处往乾元、新市方向下,经 09 省道至德清下渚湖。南京、镇江全程约三小时,苏州约两小时,无锡、常州约两小时二十分。

■ 现有农家乐(渔家乐)和宾馆

三合乡防风饭店

三合乡防风饭店占地面积 2000 平方米,有大小包厢 20 余个,能容纳 300 多人同时就餐。店内有从业人员 25 人,其中女性从业人员 19 人,被命名为县级"巾帼文明岗"。该农家乐由于管

理科学,硬件设施相对齐全,目前已获省"妇字号"示范农家乐、诚信个体工商户等诸多荣誉,在有关部门的大力支持下,目前防风饭店正在积极争创四星级农家乐评定,致力打造精品农家乐。

下渚湖九龙山庄

下渚湖九龙山庄占地 23 亩,始建于 2006 年,现有经营面积 480 平方米,从业人员 12 人。在德清县旅游局、下渚湖管委会及三合乡政府等的扶持引导下,九龙山庄积极响应下渚湖融入大杭州、面向大上海的战

略,致力于打造品牌农家乐,在建设新农村方面起到了表率作用。

春秋饭店

德清县三合乡春秋饭店,地处德清下渚湖湿地风景区,建于 2005 年,占地面积 2000 平方米,现有经营建筑用房面积 1200 平方米,停车场面积 800 平方米,大小包厢 12 个,就餐位 300 个,农家乐标准双标间 10 间,从业人员 12 人。在以优美环境,优雅情调,诚信服务。同时更注重绿色餐饮农家土特产风味。到春秋饭店还可以欣赏德清的古木家具,雕花门窗。还可以参与摘水果,挖竹笋,脚踏水车等户外农家农事活动,感觉乡土风味。

第二节 水 库

东阳南江水库

■ 自然资源概述

南江水库位于钱塘江流域东阳江上游支流南江上,是一座以灌溉、防洪为主,结合供水发电的大型水库,水库控制流域面积 210 平方公里,总库容 1.168 亿立方米,正常库容 0.91 亿立方米。

南江水库工程于 1969 年 12 月动工兴建,1972 年 11 月完工,1990 年水库进行扩建加固,1994 年 4 月竣工。水库主体工程由浆砌块石重力坝、发电输水洞、装机 $2\times1250+1\times2000$ 千瓦的坝后电站组成。设计灌溉农田 15.0 万亩,现

实际灌溉 8 万亩农田。多年平均发电量 1150 万千瓦时。

南江水库投入运行以来,已拦蓄多次洪水,为保护下游城镇及农田的防洪安全发挥了巨大效益。其水为饮用水水源,干净清澈。

■ 交通路线

从杭州出发:

1.沿 G60 行驶 15.7 公里,朝诸暨/义乌/金华/衢州方向,稍向右转。

2.继续沿 G60 行驶 31.9 公里,朝诸永高速/诸暨北/东阳/磐安方向,稍向右转。

3.行驶 1.3 公里,从入口进入诸永高速公路,行驶 82.2 公里,从

横店出口离开。

■ 现有农家乐(渔家乐)和宾馆

东阳华厦大酒店

酒店造型秀美气派、风格典雅、设施高档齐全,位于东阳市区南市路,交通便利,地理位置优越,环境宜人,远眺青山叠翠,近观花坛喷泉,受到大家的喜爱。

酒店拥有总统套房、标准套房、商务和标准客房130间(套),每个房间配有水晶灯、防雾镜及净水系统。餐厅设有各式包厢23个,还设有宴会厅、中餐厅和西餐厅,可同时接待1000余人就餐。配套齐全的娱乐、健身设施,是酒店的一大特色,是商务、旅游下榻的理想之地。

星级:4级

价格(仅供参考):普通标准间278元起,豪华标间298元起。

东阳市花园大厦酒店

东阳市花园大厦坐落于中国十大名村——花园村,是国家高新技术企业——中国花园集团旗下的一家四星级旅游饭店。花园大厦总面积36000平方米,楼高16层,总投资1.7亿元,是现代新农村的标志性建筑。交通便利,地理位置优越:东接"横店影视城";南邻"永康方岩、武义温泉、武义郭洞";西毗"金华双龙洞";北依"亚洲第一市场——义乌小商品市场"。

花园村是全国文明、全国村官培训基地和全国新农村建设 A 级学习考察点,在 2007 中国名村影响力排行榜中花园村位居第五位。

花园大厦集旅游、会议、住宿、餐饮、购物、休闲、娱乐、健身为一体。拥有各类会议室 5 个,设备齐全,装修豪华,可接待 20~300 人的各类会议。6000 多平方米的会展中心配有专业音响及影像设备,适宜举办大型报告会、年会、培训会和各类演出。

星级:4 级

价格(仅供参考):

单人间:460 元;高级标准间:620 元。

黄藤岩农家乐

黄藤岩农家乐地处南江源头的东阳市湖溪镇南江村。上依"高山出平湖"的南江水库景区,下靠"蟠谷"古迹,前有潺潺南江水,后有巍巍黄藤岩;依山傍水,环境幽雅,空气清新,风景宜人;农家建筑,田园风光,诗情画意,古色古香。黄藤岩奇峰怪石,千姿百态;黄藤坑黄藤遍地,山泉淙淙。十里幽谷,农家土菜,野生垂钓,岩下客栈;服务设施应有尽有,寓山水、休闲、娱乐为一体,玩得开心,食宿满意。

价格(仅供参考):双人间 80 元,单人间 100 元,餐饮较好人均消费 40~50 元每餐,早餐另算。

地址:浙江省金华东阳市湖溪镇南江村黄藤岩坑 1 号

电话:0579－86614766

余姚四明湖水库

■ 自然资源概述

四明湖水库位于浙江省余姚市梁弄镇,距余姚市10余公里。余姚市至今已探明有铁、铜、铝、锌、锰、萤石、石英石、硝石、耐火土、高岭土等三十余个矿点。大隐的芝林有储量百万吨以上的大型萤石矿。除大隐的萤石、梁弄让贤的石英

石、大岚的高岭土外,其余绝大多数矿点储量较少,品位较低,开采价值不大。

四明湖汇集溪流、泉水、瀑布,景色秀丽,碧波荡漾,湖水湖山交相辉映,湖面面积近20平方公里。甬江流域姚江上游。坝址以上流域面积103.1km,水库总库容1.2272亿m³,正常蓄水位16.28m,相应库容0.7946亿m³,灌溉着余姚西北面积33.5万亩,防洪保护人口32万,防洪保护农田面积20万亩,电站总装机容量640kW,是一座以灌溉为主,结合防洪、供水、发电、养鱼等综合利用的大型水库。湖中渔业资源十分丰富,吸引了大批飞禽。湖中有八字桥、野猫湾、丁山等5座小堤,形成5个湖心岛,好似镶嵌在明镜中的翡翠,更增添了四明湖的魅力。

水库直接保护8个乡镇以及杭甬铁路和高速公路等重要基础设施,间接保护姚江中下游的余姚城区和宁波市区。

湖心的玉兔岛是四明湖最大的岛屿,面积约270亩。其形状酷似玉兔,特别是月明之夜,从湖边远眺,犹玉兔拜月,煞是好看。岛上苍松翠竹,果园茶园漫山遍野,蜿蜒曲折的山径,徘徊徜徉,古朴清幽,令人心旷神怡。玉兔岛现已建成四明湖度假村,并已成为浙东休

闲度假热地。环湖还有浙东第二藏书楼——五桂楼、白水冲等风景名胜。

■ **交通路线**

1.宁波南站到余姚,再坐余姚到梁弄的中巴车四明湖下。

2.市区乘101、102、202路车到汽车南站转乘往梁弄方向的中巴车即可。

■ 现有农家乐(渔家乐)和宾馆

四明山香格里拉农家乐

四明山香格里拉农家乐位于浙江省余姚市四明山镇仰天湖村,地处四明山腹地。这里森林茂密,青山碧水,海拔 600~900 米之间,形成独特的高山气候。夏季平均气温低于平原地区 6~8℃,有"天然氧吧"之称,是都市人回归大自然,特别是夏秋季节户外运动,避暑休闲的好地方。周围有四窗岩、鹅鸪岩、仰天湖、国家森林公园等众多旅游景点,省道浒溪线穿镇而过,交通十分方便。随着杭州湾跨海大桥开通,四明山风景区更凸显其生态旅游资源优势,成为长三角都市圈人们驱车前往度假的理想目的地。

价格(仅供参考):双人间 80 元,餐饮较好,人均消费 40~50 元每餐,早餐另算。

交通线路:

1.从宁波出发,可到宁波汽车南站坐甘竹林班车,再另行叫车至仰天湖。

2.从余姚新汽车南站出发,到四明山镇或甘竹林下车;也可坐奉化到余姚班车,再从四明山镇或甘竹林叫车至仰天湖。

3.自驾游的朋友,从宁波出发,走溪口,上雪窦寺,经过四明山镇就到了。

余姚四明湖度假酒店

余姚四明湖度假酒店是由余姚四明山旅游投资发展有限公司投资兴建,按照国际五星级酒店标准打造的生态休闲旅游度假型酒店,并全权委托浙江兆和酒店管理有限公司实行经营管理。

居余姚梁弄镇临湖区域,直面四明湖中央湖区美景,背临狮子山,占地约三十余万平方米,景色典雅、环境优美。酒店拥有223间别具特色的豪华客房,超宽的阳台,湖光山色尽收眼底。酒店还具备完善的餐

饮、SPA、健身、卡拉OK等配套设施。距余姚市区约20分钟车程,交通十分便利。

价格(仅供参考):

餐饮较好人均消费40~50元每餐,早餐另算。

豪华大套房2间　2588元

豪华中套房(B区)2间　888元

豪华中套房(C区)1间　888元

豪华标准套房(B区)3间　658元

标准套房(A、C区)9间 458(5间) 558元(4间)

豪华单人间(B区)3间　488元

单人间 9间 328(5间) 428元(4间)

单人套房6间 428(4间) 528元(2间)

三人间 10间 428(6间) 528元(4间)

豪华标准房间(B区)12间　558元

标准房间87间 388(54间) 488元(33间)

四人间4间 538(3间) 538元(1间)

晓竹别墅套房2间　480元

晓竹别墅标准房28间

四明湖旅游度假村

　　宁波四明湖旅游度假村坐落在风景秀丽的四明湖畔,地理位置

得天独厚,空气清新,环境怡人。度假村占地面积 500 亩,按三星级标准设计,集体闲疗养、旅游度假、商务会议功能于一体,拥有多功能主楼、高级别墅群、大小会议室,娱乐中心及水上娱乐项目设施。

价格(仅供参考):

豪华大套房 2 间 2588 元

豪华中套房(B 区)2 间 888 元

豪华中套房(C 区)1 间 888 元

豪华标准套房(B 区)3 间 658 元

标准套房(A、C 区)9 间:458 元(5 间)558 元(4 间)

豪华单人间(B 区)3 间:488 元

单人间 9 间:328 元(5 间)428 元(4 间)

单人套房 6 间:428 元(4 间)528 元(2 间)

三人间 10 间:428 元(6 间)528 元(4 间)

豪华标准房间(B 区):12 间 558 元

标准房间:87 间 388 元(54 间)488 元(33 间)

临海牛头山水库

■ 自然资源概述

牛头山水库位于灵江支流逆溪上,坝址在临海市邵家渡乡牛头山村,距临海市 22 公里。水库集水面积 254 平方公里,总库容 3.025

亿立方米,正常库容 1.56 亿立方米。水库以灌溉、防洪为主,结合发电、供水等综合利用。设计灌溉农田 35.9 万亩,其中大田平原 7.9 万亩,椒北平原 28 万亩,可使灌区抗旱能力从 40 天提高到 90 天;水库可拦蓄逆溪 20 年一遇全部洪水,减轻大田平原 10 万亩农田洪涝灾害。水电站装机 2×3200 千瓦,平均年发电量 1670 万千瓦时。牛头山水库还为台州发电厂和临海市供水创造了有利条件。

牛头山水库大坝迎水面采用沥青混凝土防渗斜墙,与国内同期建设的工程比较,工程技术领先,设计、施工积累了一定经验,有的已收入全国性工程技术规范。1991 年牛头山水库工程设计获国家优秀设计铜质奖。

■ 交通路线

建议路线：杭州游客从杭州上高速，先走杭甬线到上虞，从上虞后转上三线，上三线结束后转入台州温州下的甬台温高速，在临海有两个出口，一个是临海北，一个是临海南，去市区从临海南下在前往武义柳城镇，牛头山景区就在该镇。

■ **现有农家乐(渔家乐)和宾馆**

牛头山度假村

牛头山度假村拥有别墅式套房、标准房、单人房，能满足不同客人的需求。度假村交通便利，距甬台温高速公路道口10公里。度假村配有中央空调、大小会议室及配套服务设施、卡拉OK包厢、舞厅。餐厅经营以农家土菜为特色，以淡水野生鱼为主。

价格(仅供参考)：标准房门市价358元。

第三节 湿 地

长兴仙山湖

■ **自然资源概述**

仙山湖风景旅游区位于长兴县的最西端，江、浙、皖高速，杭长高速，宣杭铁路都在此处结集。仙山湖风景旅游区距安吉县城30公里，距杭州85公里，距上海170公里，距南京200公里，南接本省"竹乡"安吉，西接安徽广德县，北与江苏隔山相望。其区域位置十分优越，交通条件相当便利。

它的最西端是浙北最大的湿地，地貌景观非常独特，各种生物丰富而繁茂，

是长兴近几年来新开发的
一处自然风景区。

　　仙山湖景区由仙山和
仙湖两个自然的山水组成，
仙山湖景区生态环境非常
的优越，植被、湿地、动物以
及人文构成了一个丰富的
生态链。

　　仙山脚下有距今 40 万年的古人类发源地及距今 3500 年的马桥
文化遗址，春秋战国时期的古墓群也坐落在仙山北侧。"山不在高有
仙则名，水不在深有龙则灵"。这里的仙山，是指地藏王菩萨的祖庭，
它在佛教界中有着独特的重要地位；仙湖鹤鹭成群，各种珍惜水鸟或
徜徉湖面或伫立水中，珍贵的天鹅也在这里安下了家；水中杨林，更
是难得一见的奇观，泛舟其中，仿佛"游入仙境"。

自然景观：湖区将建立湿地生态保护区、湿地植物景观、水禽鸟类观
赏区、野生动物放牧区，同时在周围兴建湿地植物园、滩涂芦苇园、岁
寒三友园、水生花卉园、农业观光园等。根据规划，仙山湖将建设成
集生态保护、科普教育、观光旅游、休闲度假于一体的多元化综合
景区。

■　交通路线

　　(1)上海到长兴仙山湖自驾车路线：

　　夹浦上宁杭高速(杭州方向)转申苏浙皖高速(安徽方向)，至长
兴泗安出口下，至仙山湖景区

　　(2)杭州到长兴仙山湖自驾车路线：

　　杭州—104 国道—瓶窑—04 省道—安吉—孝丰—泗安—仙山湖
(全程约 75 公里)

■ 现有农家乐(渔家乐)和宾馆

长兴县城有一般酒店提供住宿,也有众多家庭旅馆可住宿(条件一般,约40元一晚)。在长兴,如果想给自己一个文化难忘旅程,那么住在景区周边自然村落的农家乐最适宜,尤以顾渚茶文化风景区内顾渚、金山两村农家乐颇多(包吃住约35元/天/人),最能体验"茶庄品茶"之乐趣。

嘉善汾湖

■ 自然资源概述

汾湖位于浙江嘉善、江苏吴江交界,东西长6公里,南北长3公里,一半属浙江、一半属江苏。汾湖古称分湖,是春秋战国时期的吴越分界湖,总面积9700亩。吴越相争时,吴国大将伍子胥曾在汾湖操练水军,从历史上看,这
里是两国边界相争敏感之
地。秦统一中国后,汾湖自
然不再是分界之湖了,但因
它的历史文化和地理位置
特殊,许多文人墨客对它情
有独钟,并成为了观赏湖泊。

　　宋元时期,汾湖已成为
江南有名的风景胜地了,许
多文豪大家纷纷来到这里。元代的大画家吴镇、盛樊等都画过许多
渔村、渔隐、渔父图,他们都来过汾湖,湖边的青青芦苇,水村茅屋,清
风悠然的自然风光给他们留下了深刻的印象,在他们的作品中多有
反映。著名的书法家赵孟甫曾作过的《分湖水村图》成为国宝级文
物。元代四大画家之一的吴镇,他是中国画从宫廷走向民间转折点
的关键人物。他们的《渔父图》是中国隐士文化的代表作,在图中题
词写道:洞庭湖上晚风生,风搅湖心一叶横,兰棹稳,草衣轻,只钓鲈
鱼不钓名。

　　元代会稽大文豪扬维桢在元至正九年三月偕友邀游汾湖,曾留
下《游分湖记》,从游记中后人可以从中领略七百年前的汾湖风光。
明、清时期的汾湖在它的四周已形成了丰厚的文化底蕴,在周围方圆
上百公里农村流行的田歌,可以说是汾湖文化的独特风韵。明末清
初的江南才子冯梦龙,在太湖流域收集的大量民歌中有三百多首民
歌是在汾湖一带的市镇和农村采集的。到了清代后期,这些俚歌俗
曲经文人加工后又返传到汾湖一带,成为具有江南特色的水乡民间
文化。

　　汾湖的文化,体现了江南水乡的特色。清扬淳朴的芦墟山歌,是
民间传唱的歌谣,属于吴歌的重要支脉,再现了吴地文化的韵味。柳
亚子曾感慨:"芦墟是文学的起源之一",文化的渊源非常深远。黎里
则曾是南社诗人们活动的中心,众多南社诗歌在这里诞生。文化在

这块"水乡泽国"里繁衍生息,诞生了许许多多的精彩篇章。自古文化积厚的地方,自然人才辈出。古代名人如西晋著名文学家张翰、明朝水利专家袁黄、清朝巡抚陆耀、工部尚书周元理,近现代代表人物如民主主义战士、爱国诗人柳亚子、国际大法官倪正燠等,可谓地灵人杰。

■ 交通路线

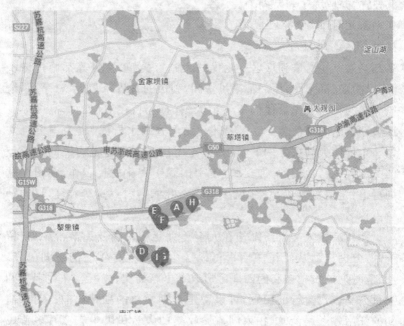

沪苏高速公路、318 国道东西横穿全境,直达上海。

苏嘉杭高速公路、227 省道、苏同黎一级公路及苏嘉杭高速复线直接连接苏杭。3 条高速公路在区内均设有互通和出口。从开发区通过高速公路到上海市中心仅需 30 分钟,到杭州 60 分钟,至苏州只要 20 分钟,周边沿江高速公路、沪宁高速、沪杭高速公路将开发区与上海、苏州、杭州、无锡等长三角中心城市融为一体。开发区至上海虹桥机场 53 公里,浦东机场 106 公里,距无锡硕放机场 40 公里,杭州萧山机场 150 公里,距南京禄口机场 226 公里。距上海港 80 公里,乍浦港 100 公里,张家港港口 140 公里,宁波港 340 公里,均有高速公路与之连接。

■　现有农家乐(渔家乐)和宾馆

嘉善西塘假日酒店(三星级)

价格(仅供参考):

豪华标准房(含双早):原价 438 元,优惠价 280 元

大床房(含双早):原价 388 元,优惠价 280 元

普通套房(含双早):原价 638 元,优惠价 460 元

绍兴镜湖

■　自然资源概述

镜湖国家城市湿地公园位于绍兴大城市越城、柯桥、袍江三大城市组团的中心,处于绍兴大城市"绿心"核心部分,是淡水湖泊型国家城市湿地公园。公园东起解放北路西侧河流及梅山公园,西至张家潭等河流,南临鸭沙滩、荸荠泾,北依茶湖环湖路,总用地面积 15.6 平方公里。公园自然资源丰富,公园独特的荷叶地地形,充分展示平原河网地区丰富的湿地景观。分布有植物 65 科、132 属、151 种;浮游生物丰富多样。同时公园人文资源积淀深厚,堪称绍兴水乡、酒

乡、桥乡、名士之乡的一个
缩影。园西侧的东浦古镇，
是典型的江南水乡古镇，形
态保存基本完好，"小桥、流
水、人家"，216 座形态各异
的桥梁、36 条水色澄清的河
流、徐锡麟故居、茶湖避塘、
东浦老街等等，可谓古镇风
貌，酒乡风情，名人故居。

■ 交通路线

　　路线一（自驾车）：可由杭甬高速绍兴出口下，离绍兴市区、镜湖

湿地公园5公里,右转至洋江路可直接到达景区。

路线二(公交车):12路可由客运中心直接到达梅山湿地公园下;302路可达;火车站坐1路到汽车站转12路,也可以先坐到城市广场再坐12路道镜湖湿地。在市区坐88路能直接到,在柯桥坐278路能直接到。

■ 现有农家乐(渔家乐)和宾馆

绍兴玛格丽特酒店

绍兴玛格丽特酒店拥有不同风格的客房,轻松温情的环境,时尚简约的家具、设置精致的厨房、更凸现家居化的创意,为宾客提供舒适安全的硬件环境。精致专业、物超所值是绍兴玛格丽特酒店所追求的目标,温馨舒适、优质高效是酒店的精神所在。

价格(仅供参考):标准房248元;商务房248元;景观商务房280元
景观标准房280元;景观商务套房430元;景观套房530元。
电话:0575—88223888
地址:绍兴市越城区解放北路玛格丽特商业中心西区2幢

绍兴国际大酒店

绍兴国际酒店拥有三百余套高档客房以及行政楼层,客房内均设有MINI酒吧、中央空调、客用保险箱、卫星电视、IDD/DDD直拨电话,行政楼层设有上网电脑和传真机,设施完备,是商务、旅游、会议团体下榻的理想场所。北海苑多功能宴会厅、贵宾楼餐厅、望海厅、喜临门食街的中西餐座,荟萃了南北风味;康乐中心的士高歌舞厅、咖啡廊、KTV包厢、棋牌室、健身室、室内泳池、保龄球、网球、桑拿浴等,还设有花店、购物中心、洗衣部、美容美发厅、婴儿保姆服务、会员俱乐部等其他设施与服务。

价格(仅供参考):标准单人间 398 元;标准双人间 398 元。
电话:0575—85166788
地址:浙江省绍兴市府山西路 100 号

绍兴鑫洲精品商务酒店(解放北路店)

绍兴鑫洲精品商务酒店(解放北路店)地处绍兴市繁华商业圈内,地域优越,交通便捷,主要卖点是客房和自助餐。餐厅以现代、时尚的形式替代了一贯传统的中式餐厅,烹饪之道融合全面意境,客房设施先进、装修现代,是商务、旅游人士的理想选择。尊贵独显的商务大床间、标间、套房,为崇尚品质、追求品味的中高档商务客人提供一片犹如在家般惬意舒心的工作空间;"鑫洲大厨"则是鑫洲为商务客人配套的多功能餐厅。

价格(仅供参考):
商务标准间 270 元   普通大床间 270 元
商务大床间 310 元   豪华大床间 340 元

地址：绍兴市解放北路 128 号

电话：0575－88098877

温州三垟湿地

■　自然资源概述

三垟湿地地处瓯海区三垟街道，东邻温州开发区、龙湾区，南连茶山街道、南白象街道，西北连接梧田街道和城市中心区，规划总面积 13 平方公里。湿地内河流纵横交织，密如蛛网，形成了 160 余个大小不等、形状各异的"小岛屿"，水域面积和陆地比例达 1.1：1。泛舟水面，绕岛而行，如置身于"世外桃源"。在农耕时代，三垟水网湿地曾形成独特的田园风光，三垟是鱼米之乡，水中作物如菱角、荷藕及各种鱼类在温州小有名气，其经济效益远远超过平庸的农业生产。温州东部平原地区有众多连片湿地，那里草长莺飞，水网密布，是宝贵的都市"氧吧绿肺"。而其中瓯海三垟湿地最为著名，民间称"南仙垟"。

■　交通路线

线路之一：温州到三垟路口下可以坐 35 路，38 路，39 路，39 路快速，40 路，52 路，53 路，54 路，59 路，103 路。

线路之二：东方 05 从易初莲花途经黄屿，戒毒所，三洋街道，园底，三洋路口，温州中学，月落洋，新南站，还有火车站，再到新桥，娄桥。

■　现有农家乐(渔家乐)和宾馆

温州金悦丽嘉酒店(原金悦丽嘉酒店)

属香港中旅集团旗下酒店，建筑面积 1.6 万多平方米，不同类型的豪华客房，设施齐全，500 多个餐位，餐厅主要以野味为主，具有温州"百味第一家"著称，能容纳 300 多人的多功能厅及大、中、小会议室 6 个，均有全套的会议设施，100 多个停车位，拥有独具特色的韩国式 KTV,是旅游住宿、休闲娱乐、会议商务的理想场所。酒店坐落在温州市人民政府行政区办公大楼对面交通便利,汽车站、火车站均在5 分钟内车程。

价格(仅供参考):

标准房 A:238 元,标准间 B:258 元,豪华商务间:308 元,豪华套房:464 元

杭州西溪湿地

■ 自然资源概述

杭州西溪湿地国家公园,位于浙江省杭州市区西部,距西湖不到 5 公里,是罕见的城中次生湿地。这里生态资源丰富、自然景观质朴、文化积淀深厚,曾与西湖、西泠并称杭州"三西",是目前国内第一个也是唯一的集城市湿地、农耕湿地、文化湿地于一体的国家湿地公园。2009 年 11 月 3 日,浙江杭州西溪国家湿地公园被列入国际重要湿地名录。

　　西溪被称为"杭州之肾"。西溪国家湿地公园东起紫金港路西侧,西至绕城公路东侧,南起沿山河,北至文二路延伸段,总面积约为10.08平方公里。现在向游客开放的一期保护工程约为3.46平方公里,主要包括生态保护区1.71平方公里,生态恢复区1.54平方公里,历史遗存保护0.074平方公里,服务设施区0.136平方公里。

景区门票:80元。凭本人有效公园IC卡者补差价10元入园参观;1米以下儿童免票,1至1.3米儿童半价;70周岁以上老人、现役军人、残疾人,杭州市离休干部和杭州市30年以上教龄的教师凭有效证件免票入园参观。

■　**交通路线**

　　1.乘公交310　石马—骆家庄线途经周家村下车

　　2.K506路　武林门北—周家村—余杭

　　3.K193路　黄龙旅游集散中心—西溪湿地—石马

　　4.Y13路　灵隐—西溪湿地

　　5.观光1号　黄龙旅游集散中心—西溪湿地

6.自驾车游客在杭州绕城高速公路留下出口往天目山路方向（到武林门沿天目山路向西,经汽车西站后第二个红绿灯右转达西溪国家湿地公园）

■　现有农家乐(渔家乐)和宾馆

杭州西溪度假酒店

酒店地址:杭州天目山路西溪国家湿地公园

联系方式:0571－86455153

杭州西溪度假酒店位于西溪国家湿地公园内,占地面积2万余平方米,交通位置十分便利,距离杭州绕城高速留下出口仅需5分钟车程,距西湖风景区5公里。酒店为江南水乡古典宅院风

格建筑群。客房、餐厅、会议室、露天茶吧、茶餐厅、棋牌室、鱼塘、茶园、果树林错落有致,各项设施先进完善,并配有码头和一百余个车位的停车场。酒店拥有49间/套舒适雅致,以四星级标准装修的客房,分布在8幢楼房之中。每个客房均可免费上网。

临窗而望,西溪美景尽收眼底,湿地风光一览无遗。酒店餐厅设有200余个餐位,主营杭帮菜,口味独特,历史悠久。

价格(仅供参考):

高级大床房A、B　优惠价格420元　配备宽带上网免费
豪华标准房A、B　优惠价格520元　配备宽带上网免费
豪华大床房A、B　优惠价格450元　配备宽带上网免费

杭州西溪悦榕庄
地址:杭州紫金港路21号
电话:0571—86455153

　　杭州西溪悦榕庄由36套宽敞的套房和36栋别墅组成,各房型面积至少120平方米。酒店的设计处处彰显江南风韵,浓墨重彩于大自然之回归,流溢着幽雅静谧。精巧的家俬,炫目的丝锦刺绣织品,将东方的古典和现代的简约完美融合。

价格(仅供参考):

水悦别墅　　优惠价格483元　　配备宽带上网免费

豪华水悦阁　优惠价格402元　　配备宽带上网免费

附近还有一些小的经济型酒店,网上预订在70～100元/天。

湖州西山漾

■ 自然资源概述

　　西山漾旅游度假区资源丰富,山水秀美,自然条件十分优越,具有"九里西山十里漾"美称,区内山水清远,清纯、古朴、自然,富于韵律,婉如一幅自然山水画卷;西山漾地理位置也极其优越,在织里新区,交通便利,318国道横贯其中,直达上海;文化沉淀深厚,人文历史悠久,有"耐金失国"、"十三庙"、"烽火台"等多处历史文物古迹,加之江南水乡独特的民俗风情,是旅游开发的绝好题材。

　　西山景区是湖州市总体规划中的"城市绿肺",以西山和西山漾为核心,规划面积约6.3平方公里,西部布置以居住、商业和文化休闲等为主的功能体;东部主要以休闲度假、商务会议等为主的功能休;中部布置以西山漾为主体的休闲绿地

公园。

随着湖州城市扩张的
步伐,西山漾板块正以前所
未有的速度融入湖州城区,
吴兴区区政府落户西山漾,
为即将实现湖州主城与织
里的无缝对接。未来城东
新城将以西山漾旅游景区

为基础,建设以历史文化为基础、以休闲旅游为特色,高端酒店积聚、
人居环境一流的新城区。

■ 交通路线

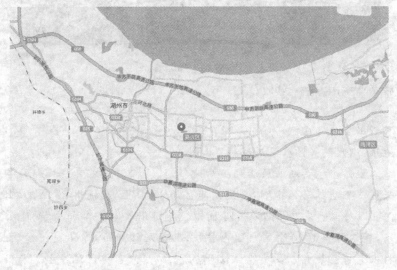

(1)从凤凰或湖州市中心坐26路公交就可直接到达;
(2)从公交总公司或湖州市中心坐201或203路公交也可直接
到达。

■ 现有农家乐(渔家乐)和宾馆

湖州大观园农家乐

地址:湖州市吴兴区八里店镇章家埭村

地理环境优越,景色迷人,四季如春。农庄分为:鲜果采摘区、垂钓休闲区、餐饮区、住宿区;环境幽雅、宁静怡人,远离都市的喧闹,尽享农家的乐趣,各种古建筑错落有致地散布在庄园内,使整个庄园区体现了民族建筑的风格、气息。庄园的南部,是一片垂钓区,游客在这里春夏秋三季可尽兴垂钓,冬季又能滑冰消遣。

价格(仅供参考):人均餐饮价格 40～50 元。

联系电话:0572—2966777

移沿山生态农庄

地址:湖州吴兴区八里店镇移沿山村

坐落于杭嘉湖平原北部核心地带,江、浙、沪三省市交接部的吴兴区八里店镇移沿山村,离湖州市区约 11 公里,距杭州 80 公里,上海 120 公里。农庄周边有 318 国道、"申苏浙皖"和"乍加湖"高速公路,规划面积 1000 余亩。园内餐饮、品茶居临湖而建,环境优雅,主推农家特色菜肴。多功能会议厅与仿古商街、客房设施齐全。采用传统粉墙青瓦的古典建筑风格,一派江南水乡风情。

价格(仅供参考):

客房:80～100 元左右;

餐饮:40～50 元左右;

地址:吴兴区八里店镇移沿山村

电话:0572－2567752

第四节 荡和漾

嘉善祥符荡

■ 自然资源概述

西塘镇域东北有一个
3400 亩面积的湖荡,是嘉善
县境内最大的湖泊之一。
传说北宋真宗大中祥符年
间,有一户姓唐的大户人家
迁到荡边居住,他们看到这
个湖荡风景秀丽,盛产翠鸟
和红菱,这两物为吉祥之

物,又恰在祥符年间,就以"祥符"两字称呼这个湖荡。

这户唐姓人家,有弟兄两人,在祥符荡边乐悠悠生活,后来分了
家。兄居荡东边,人称东唐,弟居荡的西边,人称西唐。后来哥哥这
一房逐渐衰落,弟弟这一房,小辈十分兴旺,就像一棵树,生出许许多
多树、枝,所以,人们把他们居住的地方,在"唐"字边上加个土,叫做
西塘——这是西塘镇名来历的其中一个说法。

祥符荡烟波浩淼,无风也要起浪,一旦刮风巨浪拍岸,常使船只
倾翻。清光绪二十二年(1896 年)西塘镇上居民发起捐款,并报清当
时的知县核准,在祥符荡中段筑起了一条块石堆砌的大石坝,中间开
一个大门,东西两面各留一个小门。从此,祥符荡风急浪涌大为减
弱,船行、人走大得方便。后来,石坝几经修筑、加固,使 3400 亩水域
的祥符荡分割为南、中、北三个互相通连的湖荡。

1982 年 3 月,西塘镇对祥符荡石坝彻底重修,坝基阔为 6 公尺,

坝面为 2.2 公尺,统一用水泥、块石灌浇。并树了一块记述重修祥符荡石坝的石碑。

风景秀丽的祥符荡成了人们旅游、休闲的一个好去处。

■ 交通路线

K313 路

东汇村部—储家汇—储家汇西—祥符荡—吴家栅—顾家浜—西塘—新为—陆家河—颜店桥—蒋家浜—塘里—建新—胡家埭—地甸—下介贤—雨落

■ 现有农家乐(渔家乐)和宾馆

西塘假日酒店

嘉兴西塘假日酒店是古镇唯一一家集餐饮、客房、娱乐、会务于一体的按三星级标准建造的庭园式涉外旅游饭店。

价格(仅供参考):

单人房:280 元　豪华标间:480 元

普通套房(大床):336 元　普通套房(双床):326 元

百果岛生态农庄
地址：嘉兴嘉善县西塘镇祥符荡畔茜墩村段
联系电话：0571－86713129

　　农庄以种植杨梅、枇杷、樱桃为主，并种植草莓、蓝莓、石榴、黄桃、水蜜桃、莲藕等各季节的水果品种。还养殖石蛙、蚯蚓、大麦虫、大苗山香猪、甲鱼、野鸭、山鸡、灰天鹅等。
主要特产：大苗山香猪
主要旅游项目：采摘、品尝美食
人均消费：40～50元

嘉兴连泗荡

■　**自然资源概述**

　　在嘉兴秀洲区王江泾镇民主村的连泗荡公园是嘉兴市首座农民公园，由刘承忠纪念馆、连泗荡公园和刘公塔三部分组成。占地90亩的连泗荡公园地处水网地带的嘉兴市北部，近临京杭大运河浙江入口处。园以池为界分两部分，池东为花园式仿古园林，园内杨柳依依，花木扶疏，碧水、绿树、红花相映成趣，九曲长廊临波而建，中有湖心亭，廊首是公园的主体建筑望湖楼，为三层仿古阁楼。池西为刘承忠纪念馆。据《嘉兴府志》记载，在元朝末期，当地大闹蝗灾，农作物严重受损,饿殍遍地,民不聊生。当时农民因受到封建迷信影响,认为蝗是神,不可捕杀,只好听天由命。元朝官员刘承忠得知后,带头破除迷信,率官并动员当地百姓一起扑蝗救灾,因而深受百姓爱戴,百姓称他为刘猛将军,并建庙塑像。

■ 交通路线

从杭州走 320 国道至嘉善十字路口上见有指示牌向北沿善江公路行驶 15 分钟可达。从上海上沪杭甬高速公路,在嘉善大云出口站下,直接走善江公路可达。从上海乘火车到嘉善下车后,乘中巴到西塘 3.5 元。从上海至西塘 80 公里,从杭州至西塘 173 公里,从南京至西塘 297 公里。

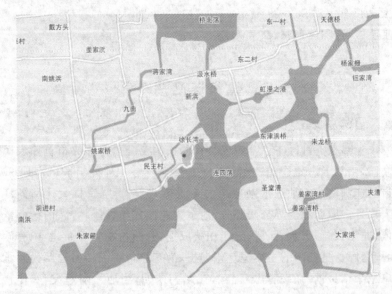

■　现有农家乐(渔家乐)和宾馆

嘉兴奥林匹克大酒店(四星级)

　　嘉兴奥林匹克大酒店坐落于嘉兴市秀洲区奥星路,是目前嘉兴最新的集商务、会务于一体的大型酒店,是商务客人和会务客人最佳的选择场所之一。

价格(仅供参考):

商务标间:398 元　　　　行政客房:420 元

商务套房:688 元　　　　豪华套房:1080 元

西塘阳光客栈

　　西塘阳光客栈位于景区西入口处荷池村 2 号,在护国随粮王庙旁边,交通便利,距 k215 路车站点迎秀桥 50 米。客栈有客房 25 间,房间设施齐全,宽敞明亮,设计独特,主人热情周到的

服务,给游客家一样的感觉。客栈拥有独立大院可喝茶聊天,前后大阳台,门口免费停车,免费上网,空调,独立卫浴,自助洗衣,24 小时热水淋浴,临河垂钓,周遍环境清净,风景怡人。房间类型:标间,大床,家庭,三人间,四人间,套间。

地址:嘉善县西塘镇塔湾街 118 号

电话:0573—84567553

价格(仅供参考):标准间 80 元

嘉善夏墓荡

■ 自然资源概述

夏墓荡是嘉善县境内第二大水域,面积 2800 亩,是一个典型的水乡泽国。夏墓荡盛产鱼虾,在 20 世纪上半叶还盛产田歌。

夏墓荡原叫谢家荡,清光绪年间掌管着谢家荡的嘉兴府台谢富梅死了。这时,家住嘉善西门,早已对这个荡垂涎三尺,在省里管理着全省军粮的夏秋林,迅速派人在荡的四周打下许多木桩,每根木桩上都包了一块写着"夏秋林"三个字的红布,谢家荡变成了夏家荡。

夏秋林请来风水先生,要在荡边建造祖坟。风水先生揣摩夏秋林的意图,别出心裁地提出一个建议:在荡的东北角两只圩,象征"两手握金"处建造祖坟,并且祖坟造在三只船那样长与宽的木排上,然后,木排上压大石块,沉入荡底。夏秋林听了觉得很不一般,全部照办。从此,这个荡就叫夏墓荡……

■　交通路线

上海—嘉兴—西塘(全程 130 公里)指南:(1)从上海出发,经莘庄上沪杭高速公路行驶,在枫泾立交处转入 320 国道西行,可至嘉兴市区,行程 90 公里。进入市区后,有交通指示牌,直达景点。(2)从杭州出发,沪杭高速公路行驶,在枫泾立交处转入 320 国道西行,可至嘉兴市区,行程 90 公里。进入市区后,有交通指示牌,直达景点。

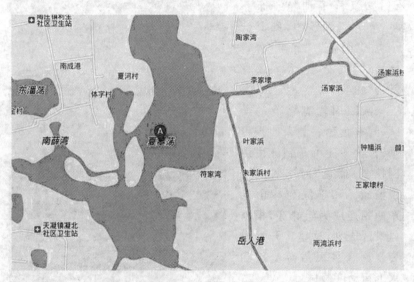

湖州和孚漾

■　自然资源概述

和孚漾位于湖州城东南 11 公里南浔区和孚镇风景区内,又名湖跌漾,因太湖北岸的湖跌山(今名长超山)而得名。和孚漾是和孚镇东南面的一片水域,面积约 2600 亩,一般水深 2~3 米,最大深度(航道线水深)7 米左右,系较大的淡水湖泊。和孚镇由荻港、袁家汇两座紧邻的古镇和天然湖泊和孚漾构成,总面积约 10 平方公里。和孚

漾位于和孚镇,历史悠久,人文景观独特。早在新石器时代,就有先民在此繁衍生息,著名的钱山漾遗址近在咫尺(就在和孚镇境内)。

据清同治《湖州府志》记载"汉蒯子训隐于余不乡,卒葬于湖趺山,郎其旁山也。""湖趺"、"和孚"分言同意,因袭至今,人们惯称其为"和孚漾"。

漾四周均有繁茂的桑园,间有鱼荡。游人四季可垂钓,秋冬还可看到渔民用网拉荡(捕鱼)时丰收的喜悦情景。和孚漾与横山漾东西相连成为姐妹漾,根据风景区规划,这里将开发成为江南水乡民俗游览区和水上运动度假村。

和孚漾南承龙溪(系东苕溪的一支)之水,北入菱湖塘经钱山漾向北注入太湖,东去通双林塘。四周支流密布环绕,纵横交叉,漾则能分水排洪,旱时能蓄水灌溉,宛如平原水库。漾内水产丰富,年产淡水鱼近千担,尚有菱、芦苇等。

和孚素有"丝绸之府、鱼米之乡、文化之帮"之称。有名甲天下的

辑里湖丝；技艺精湛被誉为
文房四宝的善琏湖笔；"朝
如轻丝、薄似蝉羽"工艺之
花的双林绫绢等传统名特
产品。

　　荻港和袁家汇两座古
镇小桥流水，回廊曲巷，基
本保持了 19 世纪末 20 世纪
初的格局与形态，可与周
庄、乌镇、南浔等江南水乡
古镇相媲美。与其他江南
水乡古镇不同的是，和孚古
镇不仅有水，而且有山。依
山傍水，湖山相映，为江南
水乡平原地区古镇所罕见。
境内文物古迹众多，且类型
多样。

　　和孚镇的宗教遗迹为数不少。著名的南苕胜景是一处道家的胜
地，位于荻港古镇的东南隅。它建于元代，后毁于兵火，清乾隆年间
重建。现楼宇建筑尽矢，但放生池、四面厅台基、吕纯阳画像碑、古树
木犹存，尤其是八边形的放生池及纵架南北的五孔石梁桥保存完好，
此种"鱼沼飞梁"的结构形式为道教建筑所特有，在江南已十分罕见。
位于荻港的演教禅寺和位于长超山脚的广济寺等佛教建筑，规模宏
大，历史悠久。它们大都创建于唐代，后虽经多次废毁，但近年都得
到恢复重建。

■ 交通路线

　　菱新公路、三新公路和墙莫公路的土路基建设，启动了菱新公路
部分路段路面和桥梁建设。

　　从公交总公司乘前往和孚的巴士即到，或者从湖州汽车总站坐

前往和孚的巴士即到。

　　从杭州,走绕城北线—杭宁高速"青山"出口下,向东走"竹青公路"10公里左右,三岔路口(叫竹墩)左转向北走"湖菱公路"2~3公里左右,在一加油站处右转向东走1公里不到就到了。

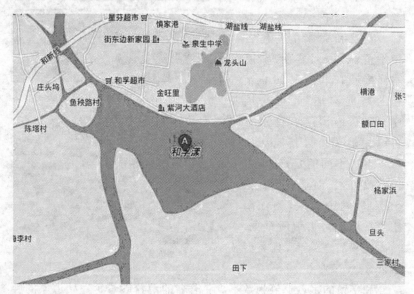

■　现有农家乐(渔家乐)和宾馆

南浔米兰商务酒店(湖州)

位置:市中心

地址:湖州南浔区同心西路708号

简述:湖州南浔米兰商务酒店坐落于南浔镇同心西路与大中路交界处。酒店营业面积共2000多平方,共有多间不同套型的房间,并拥有全新恒温的按摩水床让你尽享舒适温馨。

价格(仅供参考):单人房180元;单人间:200元;标准房210元。

获港"徐缘渔庄"

位于南浔区和孚镇获港村,总面积 206 亩,其中水产养殖面积 180 亩,主要以养殖"乌金子"青鱼为主,基地环境优雅,设施一流,设有垂钓平台 5 座,垂钓区位 5 个,休闲亭 5 个,石桥 4 座,绿化面积 3000 平方米,观赏鱼观光区和休闲度假娱乐区 1 个,包括餐饮中心、娱乐休闲中心、休闲渔都小木屋、野外自助烘烤、观赏鱼观赏区、鱼文化体验区,并建有大型停车场。

价格(仅供参考):标准房 240 元,单人房 240 元,三人房 260 元。

第三章　海洋岛屿休闲旅游

台州玉环大鹿岛

■　自然资源概述

　　大鹿岛位于玉环县东南距陆地约 15 千米的披山洋海面上，由大鹿、小鹿两岛组成，互以浅滩相接，合称大鹿岛。总面积为 1.75 平方千米，海岸线长 5.45 千米。传说天庭有一只六瑶花神鹿，为盗绿色种子撒播人间，遭霹雳击顶，坠入海

中。岛因传说而得名，也因山形似花鹿昂首于海面而命名。2007 年 11 月被评为国家 4A 级旅游风景区。

　　大鹿山原为一荒岛，山无蹊径，乱石层叠，树木不生。主峰 229.2 米。据《玉环厅志》载：大鹿山"危峰嵯峻，盘蹬嵚岖，共三十六湾。顶有龙潭……东有虎头山，岩石直矗如虎牙。南有狮子岩，作回首观潮状；又南有罗汉岩。折而西有将军洞、龙游洞。稍北有蟹山、鲤鱼山。"小鹿山有五虎礁、石碑礁；并有南宋兵寮、元朝巡检司址等。主峰高 115.5 米。

　　1963 年，经省人民政府批准，在大鹿山建立苗圃（后改林场），专事海岛适宜树种培植，5 名垦荒队员因而上山，在仅长有 4 株马尾松

和1棵野桃树的荒岛碎石间栽种木麻黄、马尾松、黑松等。现岛上树木茂盛，荆草蒙茸，四季常绿，苍翠欲滴，犹如镶嵌在万顷碧波的一颗绿宝石，故有"东海碧玉"之美称。据统计，岛上森林覆盖率已达87.5%，林木蓄积量达3300多立方米，有银杏、香樟、黑松、木麻黄、红杉、柳杉、北美鹅掌楸等204科534属近1000种植物，基本形成以木麻黄为主并与其他常绿阔叶、落叶混交的层林，构成良好的植被。环岛道路掩映于高大茂密的林间，曲径通幽。漫步岛上，有挺拔的美国红杉、日本扁柏迎风而立，枝权相交；有杜鹃花、栀子花遍布远野；有白玉兰、美人蕉点缀绿荫丛中。良好的生态环境，也为鸟类和昆虫提供了栖息和繁衍的场所。岛上有10多种数千羽的鸟类，70多种昆虫；斑鸠、黄莺、雀鹰等成群出现。放养的山黄关，也常出没于林间或昂立于岩崖。1992年11月，林业部批复建立14个国家级森林公园，大鹿岛是唯一的海岛森林公园。

■ 交通路线

玉环大鹿岛自驾车路线：

上甬台温高速在温岭大溪出口下，一是到玉环再开到坎门应冬码头，再坐船上岛；二是到玉环楚门大坝往龙溪、干江到栈台码头上船至大鹿岛。

玉环大鹿岛乘车路线：

1. 从玉环县城乘中巴到坎门镇上，再乘公交车至应冬码头，行走十几分钟路至乘船站买票再乘半小时苏泊尔快艇即达大鹿岛。

2. 可由玉环县城车站乘玉环至栈台公交车到栈台车站，行走5分钟过山洞至栈台码头，再乘苏泊尔客轮至大鹿岛。

3. 也可楚门车站乘坐楚门—栈台的公交车至栈台车站，行走5分钟过山洞至栈台码头，再乘苏泊尔客轮至大鹿岛。

■ 现有农家乐(渔家乐)和宾馆

大鹿岛度假村

大鹿岛是海上森林公园,目前景区内建有三星级标准,兼有园林风格、情调高雅的度假村和山庄,配有豪华餐厅、餐饮包厢、歌舞厅、KTV包厢、会议中心、商务中心、酒吧等服务项目。

特色活动项目:日光浴、森林浴、海水浴,还可以熏海风、听涛声、闻鸟语、观日出、尝海鲜。

特色农家菜:当地特色海鲜。价格(仅供参考):180~300元。

三门蛇蟠岛

■ 自然资源概述

　　国家 3A 级蛇蟠岛旅游区位于浙东三门湾内,全岛面积 17.4 平方公里,为台州市第一大岛,距离三门县城 17.5 公里。岛屿距大陆海岸线最近处 2.5 公里。岛上有宋代采石遗留下来 1300 余个洞穴,为国内规模最大的海岛人工洞穴奇迹,山中千洞各异,有面积 1000 余平方米的宽敞大洞,也有仅容 1 人的深曲无底小洞;且洞中有洞,横竖旁出,洞穴内微风习习,清爽宜人。蛇蟠岛是三门县最大的海塘养殖基地,主要海产品有蛏子、青蟹、对虾、大黄鱼、血蛤等,尤其以青蟹品质最美——"三门青蟹,横行世界"。

■ 交通路线

　　三门—蛇蟠岛旅游度假区

　　从三门西站乘公交 1 路、3 路至东站,每天 5∶00—17∶30,平均每 10 分钟一班;再从东站乘车至上敖码头,每 30 分钟一班。

　　杭州—蛇蟠岛旅游度假区(约 225 公里)

　　自驾车线路:从杭州驱车经杭甬高速,在上虞往上三高速至三门县出口,向东走 74 省道 30 公里,到上敖码头,再乘轮渡到蛇蟠岛景区。

　　宁波—蛇蟠岛旅游度假区(约 85 公里)

　　自驾车线路:从宁波驾车经同三高速至三门县高速口,向东走 74

省道30公里,到上敖码头,再乘轮渡到蛇蟠岛景区

■ 现有农家乐(渔家乐)和宾馆

蛇蟠度假村

　　以海景、洞景和水产养殖为基础,经过几年的积极运作,建设大佛寺等山洞旅游景点2处,山洞会议中心100多平方米,无公害养殖塘60亩,特种果树种植园8亩,农家菜种植园4亩及宾  馆、饭店、游乐等基础配套设施,是海岛观光、休闲度假、体验农渔生活的理想之所。

最佳出游时间:春夏季皆宜

经营面积:398亩

餐饮住宿:餐位250个　床位60个

休闲项目:采摘山果、体验水车、休闲垂钓、采野花、采摘草药等
周边景点:野人洞、海盗村

价格(仅供参考):
标准房:80～120元,家庭房:120～160元,因季节性明显淡旺季和节
假日价格有浮动。

台州大陈岛

■ 自然资源概述

　　浙江台州大陈岛位于台州
湾东南洋面,由上、下大陈等29
个岛屿组成。总面积14.6平
方公里,距台州市区29海里。
是国家一级渔港、省级森林公
园和浙江省海钓基地,岛周海
域是浙江省第二渔场。鱼汛
期,岛四周千帆云集,桅樯如
林,入夜,渔火万千,蔚为大观。
素有"东海明珠"之美称。

　　大陈岛山海一体,水天一
色,兼有山青、林茂、海蓝、岩
雄、滩平、洞幽之美。全年气候
温和湿润,雨量充足,光照充
沛,年平均气温16.7°。岛上森
林覆盖率达56%,具有典型的
冬暖夏凉的亚热带气候环境。
由于潮汐、洋流、风流和海洋生

物的长期作用,形成了号称"中国第一海上盆景"的甲午岩、碧水细沙的帽羽沙、乌沙头海滨浴场和风景如画的屏风山、浪通门、高梨、下峙龙洞等众多海上奇观。大陈岛景观奇绝、海产丰盈、自然条件优越,尤适游客"游海岛、观海景、钓海鱼、吃海鲜、玩海水",是人们观光、休闲、娱乐、垂钓的好去处。

■ 交通路线

大陈岛位于椒江区东部,由上大陈和下大陈组成,一般是去下大陈旅游。从台州椒江乘公交车109到码头然后买票,码头位置在军分区码头东方明珠大酒店向东大概200米左右。

行次:周一至周五每天一班船、周六至周日每天2班船,每天早上8点开船。

票价:庆达1号普座票70元、包厢座120元;庆达2号没有包厢座就是普座票,90元。

从椒江到上大陈26海里,到下大陈29海里,航行1小时30分可到上大陈,2小时到下大陈住宿。

■ 现有农家乐(渔家乐)和宾馆

碧海山庄

　　岛上有三家一星级宾馆(镇招待所、气象宾馆、碧海山庄),一家二星级宾馆(寰岛大酒店)。镇招待所拥有标房 29 间,床位 60 张;气象宾馆拥有标房 26 间,床位 61 张;碧海山庄拥有标房 16 间,床位 42 张。三家宾馆共有房间 71 间,床位 163 张。房价平均 100 余元。寰岛大酒店拥有标房 26 间,可接待客人 50 余人,房价略高。投资 1420 万元的大小浦度假村共有 22 幢 34 套别墅。

温州洞头列岛

■ 自然资源概述

　　由 103 个岛屿组成的洞头,宛若百颗明珠镶嵌在万顷碧波之上,显得璀璨耀目,峻奇瑰丽。清朝诗人王步霄曾惟妙惟肖地描绘她的神韵:"苍江几度变桑田,海外桃源别有天;云满碧山花满谷,此间小住亦神仙。"洞头有着丰富多彩的风景资源。全县有游览观赏价值的景点 300 多个,遍布 40 多个岛屿,景区面积(含海域)达 100 多平方公里。主要分布在仙叠岩景区、半屏岛景区、大瞿岛景区、大门岛景区、三盘港"海上西湖"景区、东沙景区和竹屿景区。

这里有柔美的沙滩,有峻峭的礁石,有幽深的洞穴,有荟萃的人文资源,还有浓郁的渔家风情。这里还是鸟类的天堂。如今,洞头已初步形成了融"海滨浴场、海上运动、海岛别墅、海滨乐园、海鲜特产"为一体;以"百岛奇礁、半屏绝壁、海上平湖"为特色的海岛旅游胜地,并与雁荡山、楠溪江构成了山水岛的温州旅游"金三角"。

■ **交通路线**

路线一:水运

从温州到洞头

温州沿海客运中心或望江码头乘高速客轮,70分钟可达洞头,票价45元。

温州沿海客运中心,位于安澜亭码头东侧,8:00、11:50发往洞头,问讯电话:0577-88180027。温州望江码头位于望江东路解放街口东侧(安澜亭下一站),7:00、9:00、10:30、12:30、14:30、17:00发往洞头,问讯电话:0577-88222079。

洞头—温州高速船开船时间:7:00、9:00、10:30、12:30、13:30、14:30、17:00,票价45元。中途停靠黄华港,是去往乐清、雁荡山的捷径。

洞头因建设与温州相连的"五桥"工程,出岛船票每张加收8元建设费。问讯电话:0577-63483801。

路线二:公交车

洞头岛上有客运中巴,从县城北岙镇到客运码头中巴车2元,10

分钟即到。从县城到妈祖庙、大沙岙等景点也有定班车前往。大门岛上从码头到马岙潭每小时有一班公交车前往。

出租车：

包 4 座的客货两用车，从北岙到大沙岙、仙叠岩两景区玩半天，约需 50 元，包桑塔纳约需 70～80 元，包 11 座中巴约 100 元/车。从北岙到码头，包 4 座的客货两用车 8 元/车，包桑塔纳 12 元/车，包 11 座中巴 28 元/车。

■ 现有农家乐(渔家乐)和宾馆

海逸酒店

　海逸酒店位于洞头县新城区的中心，是一家集住宿、餐饮、商务、休闲于一体的中高档现代的商务酒店。酒店共设有豪华套房、豪华标准房、豪华单人房等 60 间客房。所有的客房都配有独立的空调、国际/国内直

拨电话、宽带上网、液晶电视等具有现代风格的商务客房。经典豪华的中餐厅及包厢是宴请亲朋好友的最佳场所,另酒店配备大小会议室各一个,分别可以召开 200 人和 50 人的会议等配套设施。酒店房价 120~600 元不等。

南麂列岛

■ 自然资源概述

南麂列岛位于浙江南部的敖江口外,属平阳县管辖,距温州和平阳分别为 50 海里和 30 海里。总面积约 12 平方公里,由 31 个大小海岛组成,主要岛屿有南麂本岛和大(左木右霜)山岛等。南麂列岛以其丰富的贝藻类海洋生物资源,同时它又以洁净的海水、深邃的港湾、峭立的岬角和奇特的岛礁,成为东海沿岸众多旅游性海岛中的佼佼者。南麂列岛是国务院批准建立的被列为全国首批五个海洋自然保护区之一,亦是东海海域内唯一的海洋自然保护区;现被列入联合国教

科文组织人与生物圈保护网络,位于浙江省平阳县东部海域、鳌江口外,距鳌江港 30 海里,陆域面积 11.3 平方公里,拥有大小岛屿 23 个,似一盘明珠镶嵌于万顷碧波之中。本区域是旅游、避暑、度假、疗

养和尝海鲜、玩海水的胜地。有宽 800 米、长 600 米的贝壳沙海滩，
海水清澈透明，能见度达 5 米以上；有郑成功操练过水师的国姓岙；
有宋美龄憩息过的栖风居；有水仙花岛和海鸥岛；有景点集中多达
100 余处的三盘尾旅游点；有位于海八珍之首的鲍鱼；有名贵的石斑
鱼等等。鱼类 368 种、虾蟹类 180 种及其他数百种陆域动物，金沙碧
海、奇礁怪石、异峰雅洞，天然草坪，引人入胜，流连忘返，美不胜收，
不愧为"碧海仙山"。

南麂为南麂列岛的主岛，外形似麂，头朝西北，尾向东南，面积 7
平方公里，海岸线曲折，计长 24.8 公里，周围有龙嘴头等 5 个呷角和
国姓岙、马祖岙、火昆岙 3 个海湾及港湾南麂港。年平均气温
16.5℃，海水终年清澈湛蓝，岩石受海浪长期侵蚀冲击，形成海蚀崖、
柱、穴、平台等景观，有大沙岙、国姓岙、三盘尾等景区。

■ **交通路线**

路线一：从鳌江、瑞安有快艇和交通船上岛，旺季时温州也有快
艇上岛。鳌江码头根据潮期确定开船时间，须提前确认当天开船时
间。瑞安码头电话：0577－65613916，一般 8、9 点开，票价 90 多元/
人，90 分钟到南麂岛。鳌江码头电话：0577－63653991，快艇 88 元/
人，70 分钟就到，交通船 30 元左右/人。温州望江路码头电话：0577
－88190773。快艇 120 多元左右，7：30 开船，到南麂岛 2 小时左右。
如风力超过 5 级，交通船会比较晃。晕船也是一种体验，有时候是去
海岛必需的一种付出。

路线二：从杭州到南麂列岛

火车：杭州—温州，然后到温州客运中心站换乘快客去瑞安或者
鳌江。

汽车：杭州—温州现在一般 4～6 个小时左右，到瑞安再加一个
小时。可沿途先在宁海、临海等停留游玩一下，然后晚上赶到瑞安住
宿。自驾车者码头可以停车。

■ 现有农家乐(渔家乐)和宾馆

南麂海滩望景楼农家乐

　　南麂海滩望景楼始建于1993年,位于马祖岙村的三脚辽鱼米之乡,此村有30户人家,地处南麂大沙岙左前端海边上高处,是一家农家乐式旅馆。一栋白色的三层楼房,面临大海,地理位置环境优越,四周绿草如茵,水资源丰富,交通便捷,是岛上最佳的避暑胜地,是旅游、度假等团体和个人下榻的理想场所。它的存在,使大沙岙的山水海滩的美景增色不少。南麂海滩望景楼农家乐距离海面30米,步行到沙滩约5~8分钟,宾

馆内设有海景标准间、三人间,普通海景间一共 15 间,有独立的卫生间,24 小时提供热水沐浴。

价格(仅供参考):

标准间,原价 380 元,平时优惠价 100 元。三人间,原价 380 元,平时优惠价 120 元。

地址:南麂大沙吞左前端海边上高处。

电话:0577—63670223

舟山嵊泗列岛

■ 自然资源概述

嵊泗列岛位于舟山群岛北部,长江口与杭州湾的汇合处。它与上海隔海相望,南邻"海天佛国"普陀山。境内 404 座岛屿,如一颗颗璀璨的明珠,闪耀在万顷碧波之中,给人以处处有"海市",座座是"仙山"的梦境。嵊泗列岛自然景观绚丽多姿,气象万千,海瀚、石奇、礁美、滩佳、洞幽、崖险。

嵊泗列岛不仅自然风光秀丽,而且人文景观丰富,渔岛风景浓郁。嵊山渔港里如林的桅樯,遮天的船旗,入夜后的万船灯火,还有渔民不时哼唱的渔歌、号子……无不飘逸着浓浓的海洋文化气息,讲述着生

动感人的渔岛故事。这些深厚的文化底蕴和历史积淀,使嵊泗列岛风景名胜区更富情趣,更富魅力。

　　嵊泗列岛冬无严寒,夏无酷暑,气候宜人,鱼鲜蟹肥,各类海鲜,四季不断。目前,嵊泗列岛景区海浴冲浪、碧海垂钓、休闲渔家乐、孤岛探险等特色旅游项目,让游客在强烈的参与中享尽海岛旅游的无穷乐趣。

主要景点

　　(1)嵊泗基湖沙滩海滨浴场:位于嵊泗列岛风景区的核心区域,沙滩全长达 2300 米、宽 300 米,是华东最大的沙滩。且沙滩平缓,沙质紧硬,碧海如练。这里,自然景象变幻无穷,春可赏雾,夏日玩海,秋戏大潮,冬观排浪,常年游人如织。现已开辟了海浴、冲浪、沙浴、帆板、摩托艇、沙滩排球、沙滩足球、赛车、跑马、

日光浴、拾海贝、挖海蟹等旅游活动。基湖海滨浴场也曾成功举办首届全国航海运动大赛、全国沙滩排球赛,现已成为华东地区最佳海滨旅游胜地之一。(门票:日间 40 元,夜间 10 元,如内有表演,会涨至 20 元。其他收费:海上三轮车 40 元/半小时;骑马 20 元/200 多米;沙滩摩托 50 元/20 分钟;摩托艇 150 元/10 分钟。)

　　(2)嵊泗大悲山:大悲山,以佛教观音文化中的大慈大悲而得名。位于泗礁本岛东部,为嵊泗列岛第三高峰。其西连群峰,东濒人海,与基湖沙滩、南长涂沙滩

形成等边三角。(10元/人,大悲山交通:没有直达交通,可包车前往)

(3)嵊泗六井潭:井潭位于嵊泗列岛泗礁本岛之最东侧,面临茫茫东海,是观海上日出、千舟竞发的最佳之处。(门票20元/人)

(4)嵊泗南长涂沙滩:南长涂沙滩位于嵊泗列岛泗礁景区的南侧,滩长近 3000 米,滩形优美,如弯月,沙质柔软,似棉毯。午时,站在高处观望,或是金沙之外碧海无垠,波光粼粼;或是激浪淘沙,一派"风翻白浪花千片,涛似莲山喷雪来"的美景。当浪徐徐

退去时,漫步沙滩的人们会观赏到整个沙滩犹似一面平铺的玻璃,映照出青山、奇礁。至于面对海湾里、沙滩上众多的红男绿女嬉戏于碧水微波之中的场面,定会激起人们拥抱大海、领略大海的激情。(门票20元)

■ 交通路线

上海—嵊泗泗礁岛

A. 芦潮港 10：00/﹡14：00(每天一班)飞人号(高速轮)

B. 芦潮港 12：00/﹡9：00(每天一班)舟桥二号(客滚轮)

C. 芦潮港 14：30/﹡13：00(每天一班)茂盛一号(高速轮)

宁波镇海—嵊泗泗礁岛

A. 镇海 8：50/﹡13：15(每天一班)威远二号(高速轮)

B. 镇海 12：30/﹡8：00(每天一班)嵊鹰一号(高速轮)

C. 镇海 13：00/﹡7：10(每天一班)有财二号

定海三江—嵊泗泗礁岛

A. 10：30/﹡7：50(每天一班)茂盛一号(高速轮)

B. 13：40/﹡8：30(每天一班)嵊翔二号(高速轮)

杭州—嵊泗泗礁岛

杭州汽车南站 10：30 发车(每天一班)/嵊泗客运站 8：15 发车。

温州——嵊泗泗礁岛

温州南门车站13：00发车(每天一班)嵊泗客运站8：15发车。

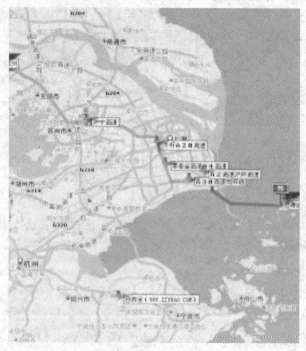

■ 现有农家乐(渔家乐)和宾馆

半山度假村(三星级酒店)

舟山海岛风情半山度假村位于大悲山风景区中部,面向大海。为木质小型别墅结构和连排海景客房结构,每套小木屋内可住2人,有的客房内有客厅和观海阳台,室内有藤制家居,连排海景客房拥有超大舒

适的海景平台。半山度假村不仅环境优美、风光秀丽,而且依山傍海的独特地理环境使得它备受前来休闲观光游客的宠爱。度假村所有水源均来自大悲山顶的山洞,为游客提供嵊泗绝无仅有的无污染、纯天然泉水。

舟山海岛风情半山度假村设有观海餐厅,为游客提供丰富美味的海鲜大餐和优美的用餐环境。

舟山海岛风情半山度假村备有定点班车,方便游客外出和前往各景点参观游览。

金兰度假村(准二星级)

舟山金兰度假村位于金鸡山的一个全新的商品楼住宅,背山面海,和菜园镇之间有酷似澳门大桥的金青大桥相连,距李柱码头15分钟的车程,交通便利。舟山金兰度假村的外观和上海大多数住宅小区没两样,所以上海人来这里会有亲切的感觉,再加上一梯两户的私密性,一大家人虽身在异乡,依然可以其乐融融济济一堂,出游的路上自然多了一份温情。一居室有4个房间,可住8人,整套租售,是举家出行的最佳选择。房间阳台正对海港,能看到渔船出海的热闹场面和颜色变化万千的海水,楼下就是嵊泗有名的紫竹林海鲜夜排档。

舟山嵊舟大酒店

嵊舟大酒店坐落于素有南方北戴河之美称的嵊泗基湖海滨,面临浩瀚的大海,背依秀丽的天罗岗山,与海滨浴场、渔家乐基地等旅游景点近在咫尺。从客运码头乘车10分钟即达，交通便捷。酒店于2005年5月竣工落成，环境幽雅、设施齐全、服务周到，是宾客们休养、旅游、休闲的理想场所。

酒店占地约2000平方米，拥有豪华套房、夫妻房、标准客房40套。内设大堂、空调、闭路电视、国际国内直拨电话、小型停车场等综合服务设施，同时24小时提供热水服务。代办车船票、推荐旅游景点等业务。风格各异的大小餐厅、包厢可

同时容纳100人就餐，海鲜加工、包桌等就餐服务供旅客自由选择。

价格（仅供参考）：

房间型号	门市价	平时预订参考价	周末预订参考价	是否送早餐
大床房	380元	200元	320元	不送
双标房	380元	200元	320元	不送
三人标房	480元	230元	370元	不送

"东海渔村"渔家乐

田岙"东海渔村"渔家乐，是国内"渔家乐"特色旅游项目的最早兴起地之一，也是嵊泗县内唯一的省级休闲渔业师范基地。位于嵊泗五龙乡旅游景区内，毗邻基湖海滨浴场。

渔舟唱晚，海火莹涛，入住东海渔家，与亲朋好友凭窗临海欣赏渔家灯火，品尝海鲜美味，把酒临风，驱尽残存的最后一丝烦恼。

吃：出门下海洋，"回家"下厨房。嵊泗列岛冬无严寒，夏无酷暑，气候宜人，鱼鲜蟹肥，各类海鲜，四季不断。渔家餐厅和渔家旅馆可安排游客自行加工收获的渔货，同时提供渔家自助餐，价格实惠。

住：田岙村共有具有浓郁渔家风情的渔家旅社15家，卫生整洁，开门见海，总床位130张。

行：走东海大桥至小洋山码头；从上海芦潮港码头、宁波镇海码头、定海三江码头等地乘船（每天有多期船班）至嵊泗李柱山码头，直接坐车约20分钟到田岙东海渔村。

渔家乐项目：海上石林，坐船踏浪，捕鱼捕虾，海上垂钓，观赏渔村墙体渔民画，体验渔民生活。

金杨小庄

　　金杨小庄于 2007 年 5 月新建装修后投入使用，内设标房、三人间（房内各有独立的卫生间、空调、彩电，24 小时热水供应），是坐落于嵊泗基湖沙滩风景区附近的一家家庭旅馆，小庄的阳台可以看见近在咫尺的基湖沙滩。

价格（仅供参考）：
双人房：门市价 300 元，折扣价 120 元，三人间：折扣价 150 元。

舟山桃花岛

■ 自然资源概述

桃花岛，国家 4A 级旅游景点，位于东经 112°13′～122°19′，北纬 29°46′～29°52′，舟山本岛沈家门渔港的南面，面积 43 平方公里，为舟山群岛第七大岛。其中南部的对峙山为舟山群岛的最高峰，山脉向四周延伸，形成群峰起伏，层峦叠起的山海风景。花岛北距舟山市普陀区政府所在地沈家门 7.8 海里，与"海天佛国"普陀山、"海山雁荡"朱家尖隔港相望，西与宁波市隔海相距 12 公里，南临桃花港国际深水航道，东濒著名的东海渔场。全岛面积为 41.7 平方公里，总人口 2.15 万人。近几年来，随着旅游设施开发建设日臻完善，海上世外桃源——桃花岛愈来愈被海内外游客所推崇。

■ 交通路线

线路之一：自驾车一族的游客，可经沪杭甬高速公路到北仑出口下，开到郭巨码头上"东海神珠"轮直达桃花岛。

线路之二：上海、杭州、南京

等地的游客可坐当地的长途班车先到舟山沈家门,再乘出租车到墩头码头,可随时乘坐"桃花岛轮"、"金庸轮"或"神侣一号"直达桃花岛。

　　线路之三:宁波的游客也可在宁波北站乘坐桃花岛的班车直达桃花岛。

　　线路之四:宁波的游客还可在宁波大榭码头乘坐"翔鸿"轮快艇直达桃花岛。

　　线路之五:在"海天佛国"普陀山旅游的游客可直接乘当地的快艇直达桃花岛。

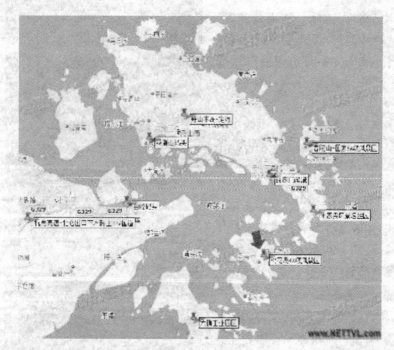

■　现有农家乐(渔家乐)和宾馆

桃花岛海豚家园

　　深处桃花岛景区内,地理环境优越,前瞻"碧海金沙",距海边仅百步之遥，方便观海看日出，夏天还可以去沙滩抓螃蟹、钓鱼等体验海岛农家生活；后倚舟山群岛第一峰"安期峰"，百鸟花香，溪水潺潺，感受大自然的神奇奥秘。山峦起伏，山海云雾，

是桃花岛最理想且消费最便宜的休闲居住之所。室内设施齐全，环境整洁，客房内均配有空调、电视机、热水器等。价格（仅供参考）：淡季平时80～100元，周末100～150元，旺季200元以上。

海盛苑渔家假日旅舍

　　位于桃花岛塔湾金沙景区内，地理环境优越，前瞻"碧海金沙"，距塔湾金沙仅百步之遥，后倚舟山群岛第一峰"安期峰"。山峦起伏，山海云雾，是桃花岛理想的休闲居住之所。本店集住宿、餐饮、娱乐为一体，在这里可以观日出、赏海景、听潮音、吃渔家菜、自助

烧烤、玩棋牌、品茗喝茶，带给游客家一样的温馨。白天可以去海滩游泳冲浪，捡小贝壳，海钓；晚上去海滩吃烧烤、看焰火、放孔明灯、抓小螃蟹。标准房80～120元，家庭房120～160元，因季节性明显淡旺季和节假日价格有浮动。

第四章　井、泉休闲旅游

杭州龙井泉

■　**自然资源概述**

龙井泉位于浙江杭州市西湖西面风篁岭上，是一个裸露型岩溶泉。龙井泉本名龙泓，又名龙湫，是以泉名井，又以井名村。龙井村是世界上著名的西湖龙井茶的五大产地之一。而龙泓泉，历史悠久。龙井泉由于大旱不涸，古人以为与

大海相通，有神龙潜居，所以名其为龙井。又被人们誉为"天下第三泉"。

龙井泉旁有龙井寺，建于南唐保大七年（公元949年）。周围还有神运石、涤心沼、一片云等景点，附近则有龙井、小沧浪、龙井试茗、鸟语泉声等石刻列于半月形的井泉周围。龙井泉的西面是龙井村，盛产西湖

龙井。龙井茶因具有色翠、香郁、味醇、形美之"四绝"而著称于世。古往今来,多少名人雅士都慕名前来龙井游历,饮茶品泉,留下了许多赞赏龙井泉茶的优美诗篇。

■ 交通路线

自驾游路线:沪杭高速—杭州绕城—上塘路高架—西湖大道出口—玉泉路—龙井

■ 现有农家乐(渔家乐)和宾馆

浙江宾馆

地址:杭州三台山路 278 号

联系方式:0571—87180808

浙江宾馆位于三台山路 278 号。"人间天堂"的景区中心,西湖西南侧的山峦之中,绿地如茵,桂树千株。宾馆西门与龙井茶园相眺望,正门抬眼便是新西湖景区,茅乡水情,尽收眼底。宾馆紧邻"花港观鱼"、"苏堤"、"虎跑"、"岳王庙"、"满陇桂雨"等著名西湖景点。浙江宾馆隶属浙江省旅游集团有限责任公司,是浙江省旅游行业的骨干企业。宾馆始建于 1970 年,当时作为林彪行宫而兴建,简称"七零四"工程。酒店建成后,曾有多位中央领导慕名下榻。

价格(仅供参考):

高级房(大/双):1100 元;丽景房(大/双):1300 元;行政高级大床:1500 元;

行政丽景房(大/双):1700 元;行政套房 2700 元;豪华套房 3800 元

四星级标准

将军楼大床:900 元;将军楼双床:900 元,将军楼套房:2700 元;总统套房:16800 元

早餐:58 元/份;加床:200 元/床;上网情况:45 元/天

新新饭店

地址:杭州西湖区北山路 58 号

联系电话:400-688-1177

　　杭州新新饭店坐落于杭城著名的历史文化街区北山路上,面迎

如画的西子湖,背依流霞的宝石山,风光秀丽,交通极其便利。

开业于20世纪初的杭州新新饭店,一直以来以其幽雅大气的欧式建筑风格,优良精湛的服务吸引着众多海内外宾客。鲁迅,陈布雷,于右任,李叔同,徐志摩,胡适,史量才,启功,汪道涵等众多政要和社会名流曾下榻于此,并给予饭店以极高的评价。自1996年以来,饭店经过多次现代化改造,已成为一家集商务旅游住宿,餐饮娱乐为一提体的现代化涉外宾馆。

位于饭店七楼的天画苑豪华观景餐厅让宾客品酌间饱览西湖美景。饭店会议设施齐全,多功能厅和各种规格的会议室是商务洽谈和会议的理想场所。

价格(仅供参考):
普通标准房:526元,标准山景房:595元
商务大床房:690元,湖景房:690元
临湖标准房:692元,商务湖景房:785元

杭州玉泉

■ **自然资源概述**

　　杭州玉泉位于仙姑山北的青芝坞口,旧有寺庙,名清涟寺,又名玉泉寺。南齐为庵,五代时改为净空寺,南宋时又称净空院,清康熙三十八年(1699),改名为清涟寺。初建于南齐建元一至四年(479—482年),玉泉就在寺内,后寺废。玉泉长约12米、宽9米,无泉眼,泉水自池底渗出,养鱼百余尾,鱼长数尺,重数十斤。池边有廊,廊檐下有燕筑巢。春日,鱼跃清泉,燕斜微风,景色清幽。虎跑泉、龙井泉、玉泉为西湖三大名泉,如果说虎跑泉和龙井泉水能饱人口福,那么玉泉就是饱人眼福了,玉泉也是三大名泉中最古老的名泉。

景区地址:浙江省杭州市桃源岭1号
联系方式:0571—87975207
景区入口点:杭州植物园售票口
门票:10元

■ 交通路线

自驾游路线：

去杭州植物园在市内乘坐公交 28/k28、82/k82、15/k15 路车到玉泉站下,乘坐公交 7 路、27 路到曲苑风荷站下。

■ 现有农家乐(渔家乐)和宾馆

杭州藕花洲假日酒店

地址:浙江省杭州市文三西路 285 号

电话:4006－161616

"风蒲猎猎弄轻柔,欲立蜻蜓不自由;五月临平山下路,藕花无数满汀州。"这是宋代诗僧道潜途经临平时写下的千古诗句。藕花洲假日酒店的店名便由此而来。

杭州藕花洲假日酒店地处杭州城西商住区,是一家三星级旅游商务酒店。酒店位于杭州市文三西路与古墩路的交叉口,西邻因电影《非诚勿扰》而闻名的西溪国家湿地公园;东近 IT 电子商务一条街;南靠天目山路灵溪隧道;北依西城购物广场,交通便利,环境舒适。酒店拥有客房96间,含标准客房、豪华客房、套房等各类房型,客房设备先进,设施豪华,配有高速宽带接口、中央空调、国内、国际直拨电话、数字电视点播系统等设施,布置温馨。酒店二楼中餐厅环境典雅,主推杭菜和粤菜,特聘名厨掌勺,为宾客提供正宗粤菜美食和精致新杭菜。同时还设有商务中心、美容美发、大堂吧等。

价格(仅供参考):
单人间:298元;豪华标间:318元
豪华大床间:338元;套房:378元

山外山菜馆
地址:西湖区玉泉路8号(近灵隐路)
联系方式:0571-87986621　87995866

"山外山"店名出自宋诗"山外青山楼外楼"之句,开创至今已有近百年的历史。与"楼外楼"、"天外天"并列为西湖三大名菜馆。近年来经过改造装修,陈设一新,大厅宽敞舒适,包厢各具艺术特色,与室外自然环境融为一体,是个极佳的用餐之处。"山外山"烹调杭州名菜为其特色,名师掌勺。其中尤以"叫花童鸡"、"西湖醋鱼"、"东坡肉"、"宋嫂鱼羹"等闻名遐迩。另有特色菜"龟鹤同春"、"花好月圆"等深得中外宾客青睐。

楼外楼

地址:西湖区玉泉路8号(近灵隐路)

联系方式:0571—87999988

　　杭州楼外楼菜馆是一家名闻中外、有160年历史的名餐馆。它坐落在美丽西湖的孤山脚下,与西湖风景中的一些很有名的自然和人文景点:平湖秋月、放鹤亭、玛瑙坡、西泠桥、苏小小墓、六一泉、四照阁、西泠印社、俞楼、秋瑾墓、中山公园、文澜阁、浙江博物馆等为邻。楼外楼创建于公元1848年(清道光二十八年)。它的创始人叫洪瑞堂,是一位从绍兴来杭谋生的落第文人。他从南宋诗人林升的诗中取了三个字,把自己的小店取名为"楼外楼"。

候鸟青年旅行社

　　候鸟青年旅行社坐落于著名旅游城市杭州风景区内,位于景区

"麻辣一条街"的玉泉青芝坞之1号,与浙江大学一墙之隔,和植物园隔路相望,距离"曲院风荷"、"苏堤春晓"、"灵峰探梅"、"玉泉观鱼"、"双峰插云"、"岳坟"、"杨公堤"等著名景点仅5至10分钟步行路程,西湖风景区其他景点也在15分钟车程之内,毗邻大型演唱会场、体育赛场、杭州旅游集散地——黄龙体育中心仅两站路程,高校分布周边,地理优势突出,交通便利。

候鸟青年旅行社共有45个床位,设有标准房、景观房、硕(博)士迎考房及4～8人房,房间内配备空调、热水卫浴、有线电视、ADSL网口。房间采用欧标电子门锁,每床均配有一个储物柜存放私人物品,安全系数高。旅舍设有书吧、影视厅、网吧、悠闲酒吧、屋顶露台、乒乓台、烧烤炉、洗衣房、自助厨房。住客可以根据自己的喜好演绎休闲概念。

地址:杭州玉泉青芝坞1号

价格(仅供参考):

4～8人间(高低铺),原价60元,会员价45元;单人间和标间150元,会员价100元。

联系电话:0571－87961219

武义温泉

■　**自然资源概述**

　　武义温泉以量大、水优、温度适宜而著称,出水量 6000 吨左右,温度 42～45℃,含有多种对人体有益的微量元素,堪称"浙江第一,华东一流"。

　　武义温泉对皮肤病、心血管病有很好的康复疗效;对风湿性关节炎、神经衰弱、慢性肠胃炎也有特殊的效果;用此泉洗浴,皮肤滑腻舒适,头发乌亮,且能加速人体血液循环,改善心脏,促进消化,加快新陈代谢,对维护神经系统的正常机能以及养颜美容都有良好的保健作用。

■　**交通路线**

　　杭州出发:杭金衢高速—金丽温高速(到金华时拐到丽水方向,武义出口下)全程约 260 公里,车程约 2 小时。

　　上海出发:沪杭高速—杭金衢高速—金丽温高速(到金华时拐到丽水方向,武义出口下),全程约 400 公里,车程约 4 小时。

　　南京出发:陵杭高速—杭金衢高速—金丽温高速,全程 500 公里,车程约 5 小时。

　　苏州出发:乍嘉苏高速—杭金衢高速—金丽温高速,全程约 400 公里,车程约 4 小时。

　　温州出发:金丽温高速—武义出口下,全程约 220 公里,车程约 2 小时。

　　宁波出发:金甬高速—金丽温高速—武义出口下,全程 274 公里,车程约 3 小时。

台州出发:甬台高速(台州北上)—高速(武义出口下),全程300公里,车程约3.5小时。

"武义"出口下高速后,全程都有指示牌,可放心前往直接到达温泉。

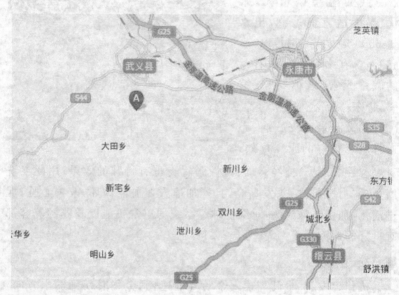

■ 现有农家乐(渔家乐)和宾馆

武义唐风露天温泉度假村(三星级)

武义唐风露天温泉度假村是金华金大地投资有限公司在原武义温泉山庄的基础上投资开发的以露天温泉为主导产品的度假村。度假村地处武义壶山省级森林公园内,占地五十余亩,是集温泉沐浴、客房

餐饮、商旅会议、棋牌娱乐、休闲度假等多种功能于一体的生态健康旅游的胜地。

　　武义唐风露天温泉度假村的主导产品唐风露天温泉以"诗画江南"为文化底蕴,富含露天温泉项目近二十余种,西湖池"婀娜多姿";钱塘江池"潮起潮落";米酒池"暗香浮动";名花池"浪漫怡人";女贞子池"青春焕发";芦荟池;瓜果池、牛奶池、咖啡池……另有日式私家露天温泉贵宾房和中式室内温泉贵宾房二十余间,可供尊贵人士会晤度假。

　　武义唐风露天温泉度假村还拥有各类豪华客房,另有多功能厅两处,可同时容纳四百五十人用餐和二百人会议,温泉区还配套有日式按摩房、香薰屋、棋牌室、足浴房、乒乓球室、体检理疗室、健身房、商务中心、特色购物商场。

价格(仅供参考):

标间:308 元

武义清水湾温泉度假村

　　武义清水湾温泉度假村地处素有"萤石之乡,温泉之城"美称的浙江武义,度假村三面环山,地理位置优越,风景秀丽,空气清新,环境幽雅,让宾客亲近自然。度假村由多栋别墅组成,其中设有亲水标房、山景标房、乡村大床房、乡村

双标房、别墅贵宾标房、别墅贵宾套房、别墅国宾套房等房型，客房温馨舒适、干净整洁、设施齐全，为宾客提供高品质的居住环境。同时，酒店拥有中、西餐厅，大小不等的多功能会议室，露天温泉，室内、室外游泳池等，配套设施齐全，是宾客旅游、会议、休闲、娱乐的理想选择。

价格(仅供参考)：

山景标房：320 元

乡村大床房：320 元

宁海森林温泉

■ 　自然资源概述

宁海森林温泉俗称天明山南溪温泉，是中国三大著名温泉之一，它坐落在宁海县城西北深甽镇天明山幽谷中，距县城 25km，距宁波市区 76 公里。森林温泉之泉水取自天明山 158 米龙脉深处，无色无味，水质清澈透明，水温 49.5 度，日出

水量 2500 吨，pH 值为 7.9，呈弱碱性，兼有氟、钾、钠、镁等 20 多种对人体有益的矿物质和微量元素。宁海森林温泉度假村共分三大区域，接待服务中心、露天阶梯温泉区、梦温泉木屋别墅区。

接待服务中心主要为宾客提供接待、室内温泉鱼疗池、按摩、健身、休息、餐饮等综合服务。

露天阶梯温泉区设置滑梯、造浪池、嬉水池及各种温泉水疗设施，在原始森林中营造欢乐、祥和、运动、健康的整体原生态环境氛围。

梦温泉木屋别墅区，依山而建的 17 幢大小不同、形态各异的山间森林木屋别墅，适合各种不同层次人群的休闲需求，让游客零距离亲近森林，同时享受温泉浴和森林浴这两种大自然赐予的珍贵产品。

宁海森林温泉特点：水温常年保持在 49.5～51℃

之间，富含氡、锂、氟等 20 多种对人体有益的矿物质和微量元素，是全国三大优质温泉。具有美容养颜、镇静催眠、放松精神、消炎止痛、减肥等功效，对心血管系统、关节炎症及神经、皮肤、消化等系统的疾病都有明显疗效，是属国内罕见的碳酸氢钠水质的中温温泉，堪称"长三角一绝"，这里夏季比杭州、宁波低 3～5℃，是华东地区少有的旅游、避暑、疗养、度假、休闲胜地。1964 年，郭沫若先生下榻温泉，欣然挥毫，题写了"天明山南溪温泉"匾额。

宁海森林温泉旅游区内群峰环绕，峡谷幽长，有三潭九瀑七十二峰。目前开放普济桥、猴峰亭、卧龙湿地、映天池、银蛇飞瀑等景点，建成宁海森林温泉度

假村(泡温泉)，宁海天明山温泉大酒店(住宿、餐饮、会务)、宁海南苑温泉山庄(休闲度假)等项目，集露天温泉、SPA、山地高尔夫、森林拓展、温泉美食、商务会议于一体的旅游度假区。

宁海森林温泉门票
门票类型：全价票 198 元/人；半价票 90 元/人

■ 交通路线

自助游交通：

宁波汽车南站乘宁海的中巴车，在宁海梅林下车；转深甽镇(温泉)中巴车前往。或从梅林坐私家车，单程 50 元左右。

自驾车路线：

上海出发走杭州湾跨海大桥，出了杭州湾跨海大桥继续走杭州湾大桥连接线可以转到宁波绕城高速，然后转甬台温高速(即同三高速)，在宁海的宁海/象山出口下高速，随即右转往深甽镇开，梅林左转，进入深甽镇后继续往温泉方向行驶，几分钟后即到。宁海出口下可到宁海县城。

■ 现有农家乐(渔家乐)和宾馆

天明山温泉大酒店(酒店星级:四星级)

　　宁海天明山温泉大酒店坐落于温泉森林公园四大景区之中心景区的卧龙谷内，是一家集吃、住、娱、购于一体的度假型酒店。宁海天明山温泉大酒店内各项配套设施齐全，不但拥有各类豪华客房，而且

还拥有 6 间大小高级会议室、典雅的中、西餐厅、风格各异的餐饮包厢 17 间、能容纳 200 余人的多功能宴会大厅、大堂吧、商务中心和精品商场等服务设施。宁海天明山温泉大酒店娱乐设施方面有卡拉 OK 舞厅、KTV 包厢 17 间、影视厅、棋牌室、温泉游泳池、台球房、健身房、乒乓室、桑拿按摩房和美容美发厅等。酒店有 182 间标准客房，房价从 580～2800 元不等。

温州氡泉

■ 自然资源概述

　　"氡泉"在矿泉医疗保健疗法中，有很重要的地位。在人们尚不知道矿泉中放射性元素氡的作用之前，无法解释有些矿泉按其化学成分属于淡泉，医疗保健作用却远高于其他矿泉，为此民间流传下了许许多

多神话故事。直至近几年来，氡泉的发现研究和科学利用终于向世人揭开了其神秘的面纱。氡是一种惰性气体，它广泛存在于人类生活和工作环境中，是一种由天然放射性核素——铀、镭的衰变形成的放射性气体，在自然界通过岩石裂缝、土壤间隙、地下水源（包括温泉）不断向大气中转移和释放。氡有"弊"的一面，也有"利"的一面。据测定，天然气中的氡含量明显高于煤制气，所以对于使用天然气的居民来说，如果没有专用的排放废气的设备，氡对室内的污染与危害不容忽视。世界卫生组织已公布氡为人类环境中的致癌物质。我国的氡泉多为低矿化度的矿泉。氡不和其他元素结合，可溶于水，也易溶于油和脂肪中，质量比空气重，水温越高，其溶解度越低，而且容易从水中逸出消散于空气中。氡的半衰期为 3.825 天，经过 30 天就完

全消失掉，它进入人体后很快蜕变完，对机体不致发生毒害，在机体内主要是靠 α 射线起作用。

■　交通路线

　　路线一：自己驾车可以走甬台温高速，经平阳、苍南，到泰顺出口下，下来后走 58 省道(S331)，大概开 30 多公里就可到雅阳镇氡泉。

　　路线二：在温州客运中心(牛山北路)；乘坐温州—泰顺的客车(包括快客)，买至泰顺县雅阳镇(或温州氡泉宾馆)的车票，票价(快客 42 元)，度假区在 58 省道公路边，请提前通知售票员，在氡泉度假区梅林氡泉下车，即可到达氡泉度假区。

　　路线三：杭州—沪杭高速—杭金衢高速—金丽温高速—丽水—景宁方向—53 省道—52 省道—泰顺(单程约 460 公里)。

■　现有农家乐(渔家乐)和宾馆

大峡谷温泉温州氡泉宾馆

　　泰顺氡泉宾馆为欧式风格的别墅式度假酒店，国家级浴用矿泉水引入每个房间供宾客使用，集吃、住、行、游、购、娱等多功能为一体,整个度假区坐落于华东第一大峡谷口,山溪蜿蜒、峰峦叠翠、峡谷深切、崖壁峻峭、百瀑汇川、溪水长流。自然景观委婉中见雄伟、朴素中藏珍奇。房间价格336~1316元不等。

第五章　潮汐、港湾休闲旅游

宁波北仑港

■　**自然资源概述**

北仑港区系深水良港，位于甬江口门东侧金塘水道南岸，西起甬江口岸长跳嘴灯桩，东至柴桥镇穿山港的人渡码头。因邻近有小岛北仑山得名。地理坐标北纬 29°56′282″，东经 121°53′052″（以北仑山顶为准）。港区水域自甬江口经北导流堤的堤头灯塔，至长跳嘴灯桩连线以东，从澥浦山与金塘岛西北端太平山灯塔连线以南，至金塘岛东南端宫山与大榭岛北端涂泥嘴灯桩连线以西，面积 150 平方公里。

北仑港区港域大部分水深在 50 米以上，航道最窄处宽度亦在 700 米以上。25 万吨级重载海轮可自由进出，30 万吨级可候潮出入。水域广阔，可供锚泊作业水面有 34 平方公里，约可容万吨以上船只 300 艘同时锚泊。岸线长而顺直，沿岸超陡水深流顺，不易落

淤,10 米以下水下岸坡相对
稳定,无需疏浚。可利用深
水岸线 17.5 公里,可建造万
吨级以上深水泊位约 50 座。
港区位于南北航线与长江
干线交汇处附近,距长江口
仅 70 海里,紧邻上海,与天
津、神户、大阪、高雄、香港、
武汉等构成近乎等距离水
运网络,有条件成为华东地
区外贸深水大港、各主要港
口的深水中转港。陆域宽
广,可供开发海滩五、六十
平方公里。背靠陆域施工
材料砂石资源丰富,可就地
开采。生活供应方便。

规划的北仑港区包括
大榭岛、梅山岛和穿山岛,
深水岸线达 120 公里以上,
可建各类生产性泊位 285
个,其中深水泊位 152 个。
目前已建成投产 27 个深水
泊位,其中有 10 万吨级、20
万吨级矿石中转泊位(可靠
泊 30 万吨级特大型货轮)、
25 万吨级原油码头、8 万吨
级国际集装箱泊位和煤炭
专用泊位及通用泊位。现
在北仑港区已发展成拥有

多座深水泊位组成的大型泊位群体,形成了综合性的深水大港。

■　交通路线

　　1.从宁波南站坐公交 753 路(或 783 路)到横河路下车,打的到北仑港一期、或二期、或三期或四期,但是二期最近。

　　2.到火车南站坐公交 353 路到大碶,再打的到其中一期码头。

■　现有农家乐(渔家乐)和宾馆

北仑御苑商务酒店

　　北仑御苑商务酒店坐落在商贾云集、环境宜人的宁波北仑商业区闹市,毗邻北仑港、客运中心、凤凰山主题公园和天童森林公园。多条公交线路途经酒店,无论去城区,还是去外地都有便利的交通。御苑商务酒

店公寓有各种类型的客房,每个房间根据不同类型有不同配置。设计装饰新颖,独具匠心,房间宽敞明亮,ddn 专线宽带和卫星电视接入。

酒店星级:二星级酒店
酒店地址:宁波北仑区北仑新大路 307 号(新大路与恒山路交接口)
周围环境:北仑港区、凤凰山主题公园、天童森林公园
公交:788 路　353 路　702 路　378 路
服务:会议厅　停车场　票务服务　DDD 电话　IDD 电话
价格(仅供参考):
公寓单人房(179 元起)
公寓标准房(209 元起)

如家酒店

　　如家酒店连锁——美国纳斯达克上市企业、中国经济型连锁酒店领袖品牌,酒店遍布全国。如家快捷酒店(宁波北仑新大路店)位于北仑新大路中心地带,近邻北仑体艺中心、大润发,北仑区行政中心,环境优越,出行便捷。酒店拥有商务大床房、标准大床房、套房,配备餐厅、会议室和停车位。舒适的睡床,柔软的棉品被褥,简约现代的家具,营养可口的自助早餐,全天热水淋浴,空调、电视、电话和24 小时无限免费宽带上网等设施一应俱全。

象山石浦渔港

■ **自然资源概述**

石浦渔港,又名荔港,地处象山半岛南端,居石浦镇和东门岛之间,由铜瓦门大桥桥脚延伸至延昌第三冷冻厂码头,有铜瓦门、东门两个口门与外海相通,岸线长度 2070 余米,宽 0.4～3 公里,可泊 2500 余艘渔船。整个渔港呈东北西南走向,为"月牙"状封闭型港湾,面积 27 平方公里,水深 4～33 米,可泊万艘渔船,行万吨海轮,港内风平浪静,是东南沿海著名的避风良港,兼渔港、商港之利,系全国四大渔港之一。石浦渔港因独特而美丽。石浦人世世代代以海为生,蕴涵出众多神奇的渔文化和渔风情,丰富而广博。尽管时代变迁,但徜徉在石浦老街中,依然可以玩味到明清建筑的丝丝风貌,渔贾文化的连绵气息。

石浦中心渔港优越的地理位置和天然的地里环境,自新中国成立以来一直得到国家和省市县的高度重视,20 世纪 50 年代石浦中心渔港被国家列入三级渔港,60 年代列为群众性重点渔港,1974 年被国家计委列为全国四大群众渔港之一，1990 年被农业部列为群众渔业中心渔港，2002 年经农业部同意立项扩建成为中心渔港。

■ **交通路线**

1.乘车路线：宁波汽车南站乘宁波—石浦快客（再乘城区 1 路或 2 路公交车在老街下车）。

2.从杭州到石浦全程 220 公里，自驾车可以上沪甬高速到宁波，然后转台温甬高速到宁海梅林口子下，直达象山石浦，车程大约需要

3 个小时。杭州东站也有直达石浦的大巴。

3.从宁波南站坐象山丹城出发,到终点站买票到石浦的中巴车。到石浦,可再坐 2 路到老街下或打的。或者从宁波南站做宁海车,到梅林下车转到象山车,接下来与上者相同。也可以直接到南站坐快客直达石浦。

■ 现有农家乐(渔家乐)和宾馆

东门渔村

东门渔村位于象山县石浦镇东门岛上,与石浦镇城区隔港相望,拥有大马力钢质渔船 240 艘,渔业经济发达,被誉为"浙江渔业第一村"。现有住户 1210 户,人口 3806 人,果园面积 274 亩,山林面积 1799 亩,海水养殖面积 200 亩,全村 80%以上青壮年从事海洋捕捞业。东门渔村山海兼备,风光旖旎,海防历史悠久,岛上古迹、古貌、人文景观众多,海洋文化历史遗存丰富,渔家风情浓厚,是一个"活炭"的渔文化博物馆,以"渔家乐"为主题的旅游业

发展势头良好。2007 年东门渔村经济总收入超过 3 亿元,其中渔业产值 2 亿元,村级集体资产达 1800 多万元,农渔民人均纯收入 1.38 万元。

在东门渔村可免费参观游览渔港景观、妈祖庙、天妃城隍庙、门头灯塔等,每位游客吃住平均消费大约 280 元/天。

开元大酒店

象山石浦开元大酒店位于中国六大中心渔港之一、具有"海鲜王国"美誉的石浦渔港。北临中国渔村，西枕大明山河，独揽石浦港全景，360°山景与180°渔港风情交相辉映，是一家集会议、旅游住宿、餐饮娱乐为一体的度假休闲会议型酒店。由中国饭店业集团20强之一的开元旅业集团全权管理。

象山石浦开元大酒店总占地面积约35亩，建筑面积约30000平方米，采用独特的现代欧式建筑风格，外观气势恢弘，内部设施完备，酒店拥有各类豪华客房；中西餐位近600席，包厢19间，大小会议室共7间；同时配备桑拿、KTV、棋牌、健身房、各种球类等丰富的康体娱乐设施。

价格(仅供参考)：

豪华山景标房：370元　　豪华海景标房：450元

商务山景标间：410元　　商务海景标间：530元

商务海景套房：870元

沈家门渔港

■ 自然资源概述

沈家门渔港位于舟山本岛东南侧，面临东海，背靠青龙、白虎两山，构成了一条长约十里，宽约半里的天然避风良港，是中国最大的天然渔港，与挪威的卑尔根港、秘鲁的卡亚俄港并称世界三大渔港。

它与海天佛国普陀山、海上雁荡朱家尖、海上仙山桃花岛形成了东海旅游的金三角。

沈家门早在清朝中期便形成了热闹的街市,曾有"市肆骈列,海物错杂,贩客麇至"的记载,素有"小上海"、"活水码头"之美誉。这里常年万船穿梭。每逢渔汛,沿海十几个省市的几十万渔民云集港内,桅樯林立,鱼山虾海,形成了一道独特的海岛渔港景观。入夜,渔灯齐放,繁星如织,美不胜收。

沈家门常年汇集着各地的鲜活鱼、蟹、虾、贝、海水产品,每到夜幕降临,沿港十里海鲜排档摊点,来自各地的品鲜商客游人数不胜数。"尝海鲜、观海景、采海货"成为沈家门渔港的又一特色旅游项目。

■ 交通路线

杭州(九堡)汽车客运中心或杭州汽车南站都有城际班车到沈家门。

自驾游(上海—沈家门):可以走莘奉金高速转杭浦高速,接杭州湾大桥北连接线,过杭州湾大桥,走大桥南连接线转到宁波绕城高速公路(西段),保国寺出口下高速,然后左转走骆费公路到镇海上金塘大桥,再按照指示标志行驶,即可开到舟山沈家门,4个小时多一些可以到达。

主要景点：

（1）沈家门夜排档：沈家门夜排档坐落在著名的世界三大群众性渔港之一的沈家们渔港边，依山傍海，以观海景、尝海鲜、购海货为特色，与国家级风景名胜区普陀山、朱家尖以及金

庸笔下的桃花岛隔海相望。通过多年努力，目前沈家门夜排档在华东地区及至全国均有一定的知名度，每年慕名而来的中外游客络绎不绝。每当夜幕降临，滨江路上人声鼎沸，夜排档摊位绵延里许，与渔火交相辉映，是十里渔港一道亮丽的风景线。

（2）塘头麒麟山景区：沈家门的天然后花园，它以纯朴的民风、悠闲的生活方

式、优美的环境,成为市民假日休闲的首选。设有全国青少年海洋夏令营假日基地、莲花罗汉、山地越野卡丁车、团队精英拓展培训、"神秘岛探险之旅"、CS真人彩弹对抗赛、特色海鲜烧烤等。

(3)沈清园(沈院):位于普陀莲花洋畔舵岙村东侧,为仿古宅第建筑群落,是一座以晋朝沈国公和韩国孝女沈清的故事为线索而修建的中韩友好文化园。园中以"海丝之路"、沈清孝敬盲父、东传观音文化、沈国公与沈清生活场景等为

主要载体,展现中国普陀与韩国谷城两地人民友好往来和文化交流的渊源历史。

■ **现有农家乐(渔家乐)和宾馆**

沈家门华翔宾馆

住宿环境舒适,地理环境优越,离码头及海鲜夜排档仅10分钟路程。

价格(仅供参考):

- 标准房(不含早) 200元
- 单人房(不含早) 200元
- 海景标准房(不含早) 220元
- 豪华三标房(不含早) 320元

舟山海景大酒店

地处沈家门东海中路,酒店楼层高七层,是一家按现代商务

型酒店装修的集住宿、餐饮、休闲为一体的商务酒店,酒店拥有套房、标房、单人房等各种房型,房间内都配有宽带网络,同时还有大型停车场、美容中心、中餐厅、咖啡厅,为住店客人提供丰富早点,是客人休闲商务休息的理想之处。

价格(仅供参考):

房型	门市价	预订价	早餐	早餐	床型	宽带
标准房	588元	288元	10元	双早	双床	免费
大床房	588元	288元	10元	双早	大床	免费

舟山东方大酒店

舟山东方大酒店是一家兴建的综合性旅游饭店。酒店位于中国著名渔港——沈家门,并与"海天佛国"普陀山、"碧海金沙"朱家尖、"金庸武侠"桃花岛隔海相望。酒店距客运码头仅3分钟车程,交通十分便捷。

舟山东方大酒店总建筑面积10000平方米,主楼高18层,拥有各类豪华客房,每间客房均已开通互联网。酒店二、三楼拥有能同时接纳400余人就餐的宴会厅及18个风格各异的豪华观景包厢。酒店内还设有商务中心、美容中心、足浴中心、小型会议室以及拥有舟山市唯一一览沈家门渔港全景的观光茶室等服务设施。

价格(仅供参考):

单人房:308元　　　　标准房:358元

海景房:376元　　　　套房:458元

舟山渔都风情假日宾馆

坐落于"海天福佛国"舟山群岛的著名旅游胜地——普陀山沈家门(靠近国际水产城,邻近长途汽车站),拥有各类舒适典雅的客房及套房,最适合家庭自驾游旅客,内有大型停车场。设施齐全,交通便捷,环境优雅。

价格（仅供参考）：

标准房 A：199 元　　大床房：179 元

标准房 B：200 元　　套房：269 元

参考文献

[1]水电部长江流域规划办公室水文局.长江流域水资源评价,1986

[2]王洪道等编著. 中国湖泊水资源. 北京:农业出版社,1987

[3]浙江省水利河口研究院.河口海岸国际研讨会论文集(书).杭州:
浙江大学出版社,2003

图书在版编目（CIP）数据

水墨江南——浙江水资源休闲旅游指南／孙娴娴编著.
—杭州:浙江大学出版社,2011.12
ISBN 978-7-308-08787-2

Ⅰ.①水… Ⅳ.①孙… Ⅲ.①水（地理）–旅游指南
–浙江省 Ⅳ.①K928.4

中国版本图书馆 CIP 数据核字（2011）第 119720 号

水墨江南——浙江水资源休闲旅游指南

孙娴娴　编著

责任编辑	王　波
封面设计	续设计
出版发行	浙江大学出版社
	（杭州市天目山路 148 号　邮政编码 310007）
	（网址:http://www.zjupress.com）
排　　版	杭州中大图文设计有限公司
印　　刷	浙江印刷集团有限公司
开　　本	880mm×1230mm　1/32
印　　张	5.5
字　　数	148 千
版 印 次	2011 年 12 月第 1 版　2011 年 12 月第 1 次印刷
书　　号	ISBN 978-7-308-08787-2
定　　价	18.00 元